更有料 更有趣的朝代史

清史

1

定鼎中原

莫忆城　编著

浙江工商大学出版社
ZHEJIANG GONGSHANG UNIVERSITY PRESS
·杭州·

图书在版编目（CIP）数据

清史 / 莫忆城编著 .—杭州：浙江工商大学出版社，2022.9（2024.1 重印）

（有料更有趣的朝代史 / 胡岳雷主编）

ISBN 978-7-5178-4833-2

Ⅰ.①清… Ⅱ.①莫… Ⅲ.①中国历史—清代—通俗读物 Ⅳ.① K249.09

中国版本图书馆 CIP 数据核字（2022）第 021190 号

清 史
QING SHI

莫忆城 编著

责任编辑	张晶晶
责任校对	韩新严
封面设计	吕丽梅
责任印制	包建辉
出版发行	浙江工商大学出版社
	（杭州市教工路 198 号　邮政编码 310012）
	（E-mail: zjgsupress@163.com）
	（网址: http://www.zjgsupress.com）
	电话：0571-88904980，88831806（传真）
排　　版	北京东方视点数据技术有限公司
印　　刷	唐山富达印务有限公司
开　　本	787mm×1092mm　1/32
印　　张	28
字　　数	620 千
版 印 次	2022 年 9 月第 1 版　2024 年 1 月第 2 次印刷
书　　号	ISBN 978-7-5178-4833-2
定　　价	198.00 元（全四册）

版权所有　侵权必究

如发现印装质量问题，影响阅读，请和营销与发行中心联系
联系电话　0571-88904970

前　言

　　人性是推动历史发展的动因，以人为本，历史才有意义。每个历史人物身上都有很多可以评说的生动故事，这些故事组成了丰富多彩的历史。有位西方历史学家说过："所有的历史都是思想史。"他觉得，只有透过历史事件，进入事件背后所隐含的思想，才能了解历史。我们选取中国历史上最有影响的几个朝代，如汉朝、宋朝、明朝、清朝等进行解读，深入到历史事件内部，用现代的视野，以故事说人物、以人物说历史、以历史说人性，用全新的观点、现代的语言，诙谐的文字，将这些朝代中的人和事真实地展现在读者的面前，以期帮助读者真正地了解历史，并以史为鉴指导未来。

　　清朝是中国历史上第二个也是最后一个由少数民族入主中原并建立的大一统政权，是中国历史上封建君主专制王朝中的最后一个，历经十三朝十二帝。其前身是1616年由努尔哈赤建立的后金政权，1636年皇太极将国号改为清。1644年，多尔衮迎顺治帝入关，迁都北京，其后统治中国近300年。300年间，有金戈铁马、王朝霸业，也有乱世奢豪、阉宦壮行。这一时期，统治者开疆拓土，巩固了中国多民族国家的统一，奠定了现代中国版图的基础，鼎盛时领土达1300万平方公里，疆域西跨葱岭，西北达巴尔喀什湖，北接西伯利亚，东北至黑龙江以北的外兴安岭和库页岛，东临太平洋，东南到台湾及附属岛屿钓鱼岛、赤尾屿等，南至南海诸岛。

这一时期，发生了或正史记载的，或民间流传的，或众说不一的，或争论不休的一系列故事：改朝换代的血腥战争、尔虞我诈的宫廷竞争、空前绝后的开疆扩土、思想文化的钳制、此起彼伏的农民起义、西方列强的侵略压迫、开明人士的救亡图存、异域文化的西学东渐、维新人士的改良尝试……它达到了封建王朝的最高顶峰，却也成为2000多年来中国专制帝制统治的最后终结。

读清史，我们看到了一个帝国由兴而衰、由盛而亡的背后故事——骨肉相残之痛、权宦迭起之恨、奸贼横行之怒、流寇殃民之殇，加之朝堂上纷纷扰扰的派系之争，虎视眈眈的强敌，曾经的锦绣河山终被弄得一败涂地，可悲可叹。

书写一部历史，不是为了向世人展现往昔的人情世故，叫人为王者感叹踌躇，而是为了与历史的人物身影交错，携手同游，共经盛世兴衰的波澜，体味人生的豪迈与遗憾，捕捉人性中的善与恶。《有料更有趣的朝代史·清史》正是这样一部书。

本书以人性解史，以趣味说史，将整个大清王朝将近300年的历史，分为"定鼎中原""康乾盛世""夕阳残照""皇朝末路"四部，从努尔哈赤崛起于东北写起，从跃马中原到驰骋天下，从统一全国到丧权辱国、宣统退位出宫，记述了大清王朝近300年的历史史实，再现了清朝数百年间的各种风云际会，涵盖了政治、经济、军事、文化、科技、宗教、法制、外交等领域的历史大事和兴亡嬗变。

本书尽量避免枯燥乏味的叙述方式，在尊重史实的基础上，以幽默风趣却不乏智慧的语言，调侃轻松却不失庄重的语调，讲述中国 300 多年前的历史，并试图进入到历史事件背后，深度挖掘历史人物内在的真实情感，使读者与其产生共鸣。本书运用三维结构，用历史事件来展现人性的复杂和诡秘，透过历史的迷雾，解构历史中的人物，以人性洞察历史，还原历史的真相。

目 录

第一章　从奴隶到大汗，努尔哈赤的奠基路

　　爱新觉罗氏的始祖传说 _ 003

　　寄人篱下受人欺 _ 007

　　死里逃生很玄乎 _ 012

　　血染古勒城 _ 016

　　闪击图伦，首战告捷 _ 022

　　兔子急了也会咬人 _ 027

　　十岁小女下嫁有妇之夫 _ 032

　　出来混，总归是要还的 _ 036

　　因美女而灭的九部联盟 _ 040

　　翅膀硬了单飞时 _ 045

第二章　后金崛起，只玩真的不忽悠

　　上马征战忙，下马改革新 _ 051

　　七恨告天，师出有名 _ 056

　　后金与明朝的正面交锋 _ 060

　　凭你几路来，我只一路去 _ 064

恩威并济，化敌为友 _ 070

广宁之战尽取辽西 _ 075

半路杀出个程咬金 _ 080

努尔哈赤的最后一战 _ 086

第三章　皇太极：聪明的"伐木人"

谁杀了努尔哈赤 _ 093

伐木丁丁夺皇位 _ 097

权力要实实在在地握在自己手里 _ 102

生死冤家袁崇焕 _ 106

欲擒故纵除隐患 _ 112

武攻朝鲜，拉拢蒙古部，建大清 _ 117

第四章　崇祯：有心无力的帝王

年轻新帝有心机 _ 125

袁崇焕怒斩毛文龙 _ 131

糊涂帝王自毁长城 _ 138

一两银子一片的忠臣肉 _ 143

第五章　轮番上场唱主角

君王有罪无人问 _ 149

戛然而止的吴陈姻缘 _ 154

草根皇帝不靠谱 _ 160

左手借兵剿匪，右手开门揖清 _ 165

女人也有狠手段 _ 171

当不了皇帝就掌控皇帝 _ 176

第六章　初来乍到有看头

　　闯王落跑留玄机 _ 183

　　探究闯王死亡之谜 _ 187

　　简单粗暴剃头令 _ 190

第七章　南明，在绝望中寻找希望

　　小朝廷的大作用 _ 197

　　宁做明朝鬼，不在清朝活 _ 200

　　"国姓爷"不是用来叫着玩的 _ 205

　　换个战场也能赢 _ 210

第一章
从奴隶到大汗，努尔哈赤的奠基路

从帐下奴隶到开国之君，从十三铠甲到千军万马，努尔哈赤用44年的时间完成了人生的蜕变。44年里，他是历史航船的舵手，斩冰破浪，激荡烟波，统建州，并海西，收野人，灭叶赫，结束长期以来女真各部落之间的混战，打造出一支足以与明朝相抗衡的锋利长矛。

爱新觉罗氏的始祖传说

明嘉靖三十八年（1559年），建州左卫苏克素护部赫图阿拉城（后改称兴京，今辽宁省抚顺市新宾县）中传来一声新生儿响亮的哭声，他的父亲、大明建州左卫指挥爱新觉罗·塔克世为自己的第一个儿子取名努尔哈赤。赵尔巽等在《清史稿·太祖本纪》中一本正经地写道："（努尔哈赤）孕十三月而生。"也就是说其母是怀孕十三个月方才生下他。

在满语里，努尔哈赤为"野猪皮"之意。虽然这个名字不怎么雅，但也能看出爱新觉罗家族那种剽悍的性格。爱新觉罗为"像金子般高贵神圣的觉罗族"之意，"爱新"意为"金子"，"觉罗"是地名，在今天黑龙江省依兰一带，是清太祖努尔哈赤祖先最早居住的地方。

作为一朝的开国之君，努尔哈赤的祖先自然也要找个有头有脸的人物。然而，祖辈生活在辽东地区的爱新觉罗氏为满族（满族旧称为满洲族，辛亥革命之后方才改称为满族），不像汉民族那样历史悠久，名人辈出，不愁认一个强大点的祖宗。满族人的前身是女真，女真的前身是黑水靺鞨，靺鞨再往前推，推到头也不过是夏商周时期的肃慎。加之在努尔哈赤之前，满族人并没有自己的文字，无法证明祖上曾经出过声名显赫的人物。清王朝又是取代了汉民族的王朝而建立的，没像李唐那样借光。思来想去，还是要从民间传说入手，去寻找一个能够让后人信服、能够赢得后人崇敬的祖先。这便是民间传说中诞生于长白山上的清始祖爱新觉罗·布库里雍顺。

很久以前，东北长白山上有一座布库里山，山上有一个湖泊，叫布勒瑚里湖。也不知是何年何月，天宫里的恩古伦、正古伦、佛库伦三位仙女突然心血来潮，想要到凡间去玩玩。于是，她们想办法躲过了天庭守卫的法眼，偷偷溜到人间，来到布勒瑚里湖畔。

湖水分外清冽晶莹，对三个终日闷在天庭的仙女有着莫大的吸引力。她们合计一番，决定先在湖里洗个澡。

正在三位仙女玩得开心之时，一只喜鹊飞了过来，在三仙女中最小的佛库伦头上久久盘旋。佛库伦感到很奇怪，伸出手去想要摸摸这只看起来十分可爱的喜鹊。但没想到，喜鹊将口中衔着的一枚朱果吐到了她的手中，随后长鸣而去。

喜鹊留下来的这枚朱果色泽红艳，散发着一股诱人的香气，让佛库伦爱不释手。见两位姐姐有穿衣服离开的意思，就忙把朱果放在嘴里，匆忙着衣。忙中出错，佛库伦一不留神把果子囫囵吞进肚里。没过一会儿，佛库伦便感到有小腹下坠的异状，心知自己这是怀孕了。

两位姐姐得知事情的来龙去脉之后，安慰她道："我们早已长生不老，时间的流逝对我们来说没什么意义。你就在这里把孩子生下来，等身子轻了再飞回去也来得及。"

就这样，佛库伦独自一人留在了布库里山上。

没过多久，一个长相奇异的男孩呱呱落地，生下来就会说话，迎风就长，没用多长时间，便长大成人。佛库伦给他起了个名字：爱新觉罗·布库里雍顺，将自己的身世和他的诞生经过详细地讲与他听，并告诉他："你是上天安排出生的人，你的使命就是平息天下的战乱。现在，你沿着这条溪水一直往下游，那里有你成名立业的地方。"说完这番话，佛库伦便消失不见了。

布库里雍顺划着母亲留下来的一叶独木舟，顺流而下，来到长白山东南一个叫鄂谟辉的地方，在溪水边用柳枝和野蒿搭起一座窝棚，暂时居住了下来。

在布库里雍顺居住的地方，有一座鄂多理城，也就是今天的吉林省敦化市。城里有三姓人家，各以姓为派别，形成三派，终日里为了争夺鄂多理城的控制权而打个不休。但三家实力差不多，谁也没本事把另外两家吃掉，更不甘心就此沦为人后。是故，这座小小的城里终日上演着刀光剑影的闹剧。

一日，城中有人去提水，发现溪边起了一座窝棚。那个时候交通极为不便，陌生人很少见，所以他很是惊讶。走近一看，见里面住着个相貌奇异、举止不凡的年轻人，此人便是布库里雍顺。

当下，布库里雍顺向来者介绍了自己，也将自己的使命告知。来者一听，满心欢喜，连忙奔回城里，找到仍在械斗的三家首领，将情况一一讲明，并说："我想他会公平解决我们之间的争斗的，为什么不去问问他呢？"三家首领听罢，又惊又喜，忙率一干人等来到了布库里雍顺的窝棚前。

见到布库里雍顺后，三家首领一商议，决定结束三家争斗，让这个上天派下来的使者担任城中领袖。众人用手臂结成人轿，抬起布库里雍顺，浩浩荡荡地走回城中。

从此以后，布库里雍顺便成了鄂多理城之主，娶了城中如花似玉的百里氏之女为妻。鄂多理城终于迎来了安定、平静的日子。

然而好景不长。布库里雍顺死后没过几代人，鄂多理城再次陷入危机之中。在一次极大的叛乱中，布库里雍顺的子孙几乎被斩杀殆尽，只有一个名叫樊察的小男孩逃了出来。当他逃到荒野上时，身后的追兵越来越近，眼见就要被擒，突然几只乌鸦落在他的肩膀上，追兵误以为樊察是一段枯树，从他的身边跑了过去。就这样，樊察才侥幸逃脱，将爱新觉罗氏的唯一血脉传了下去。

以上爱新觉罗氏的起源是根据清人所写就的《清实录》整理而成的。从中可以看出，其神话色彩远远大于可以让人相信的历史事实。不过历史上确实存在过这个名叫布库里雍顺的人，当然他不是仙女的儿子，而是一个生卒年不详、曾任职元代首位斡朵里万户府万户的人，出生于黑龙江北岸的依里兰多里，另有一种说法是出生在海兰泡的薄科里山。

不管怎么说，传说中的清朝肇始算是出现了。自从樊察将那条唯一的血脉传下来之后，直到努尔哈赤身上，才算是让爱新觉罗这个姓氏找到了"金子般的高贵与神圣"。

寄人篱下受人欺

明万历元年（1573年），明抚顺游击裴承祖带着数十个随从来到建州右部都指挥使王杲（满语名为喜塔喇氏·阿突罕）的古勒城（今辽宁新宾）中。裴承祖叹了一口气，义无反顾地走了进去。

裴承祖此行是来向王杲讨要被绑架的大明人质的。说来话长。大明王朝在辽东采用的是对女真人进行分而治之的政策，一方面以海西女真哈达部贝勒王台压制建州王杲，却又并不正式向王杲授以官职。这就引起了王杲对朝廷的极大不满，经常纵容部落之人抢掠汉族人的牲畜。

1570年，明朝廷为了息事宁人，特意在抚顺城设立抚夷厅，在周边地区开辟贸易，"自此开原以南，抚顺、清河、瑷阳、宽甸，皆有市场，奉明约束"（明·陈建·《皇明从信录》卷三十三），让王杲以马换钱，想要借此来让王杲安分些，哪怕王杲经常用羸弱不堪的瘦马、病马来充当"贡马"，朝廷也忍气吞声，用高价收购。但王杲并不领情，抚夷厅内，索酒抢酒，每喝必醉，酒醉之后又大肆闹事，抚夷厅的明朝官员也不敢管，只得任他骂街耍酒疯。曾经有一个新上任的边官贾汝翼坚持要察看王杲带来的"贡马"质量,王杲大为不满,怀恨而去,不久便再次对汉族人进行掠夺。软弱的明朝廷不仅没有采取有效的反击措施,反而撤掉了贾汝翼的职务。这样一来,王杲更加有恃无恐。

两年之后的秋天,王杲部将来力红属下奈尔秃等四人入关降明。来力红前来索人时,被抚顺的裴承祖拒绝。虽然裴承祖后来在朝廷的施压下将奈尔秃等人送了回去,但来力红仍旧对他恨之入骨,并出兵攻入抚顺城,率人掠去明军五人。对此,右佥都御史巡抚辽东张学颜上奏朝廷:"汝翼却杲馈遗,惩其违抗,实伸国威。苟缘此罢斥,是进退边将皆敌主之矣。臣谓宜谕王杲,送还俘掠。否则调兵剿杀,无事姑息以畜祸。"(民国·孟森·《清朝前纪》卷九)

这番措辞极为强硬,而朝廷则以此宣谕王杲,敦促其放人。然而王杲并没有把这份旨意放在眼里,依旧我行我素。裴承祖这才不得不"单刀赴会"。

同样是向对方索要俘虏,王杲的部将来力红好歹是全身而退,裴承祖并没难为他;而裴承祖此番来向王杲要人,却等于是自闯地狱。

王杲不仅没有将五个被俘的明军士兵还与裴承祖,反而将这个送上门来的冤家剖腹剜心处死,裴承祖所带来的数十名随从也无一幸免,尽皆命丧辽东。

忍无可忍已无须再忍。明朝廷对王杲所作所为的忍耐已到了极限,青蘋之末的微风迅速化为逆转宇宙的狂飙,战争一触即发。

明万历二年(1574年),辽东都督佥事李成梁率领6万大军奉旨征讨王杲部落。除前因外,李成梁又声称王杲"负不赏之功,宁远相其为人，有反状，忌之"（清·黄道周·《博物典汇·清建国别记》）。李成梁乃一员名将，善于用兵。即使王杲采用"深沟坚垒以自固"（《明史·李成梁传》）的防御手段，坚守古勒城，依然没有挡住李成梁的一把大火，全军覆没。王杲运用李代桃僵之计，带着一干家眷侥幸逃脱，向蒙古方向狂奔而去。

古勒城破之时，李成梁部本已斩首1104名女真人，但李成梁在对一个16岁的少年挥刀时，却把手垂了下来。这个少年就是努尔哈赤。

王杲是努尔哈赤的外祖父。努尔哈赤10岁的时候，三兄弟不受继母待见，父亲便将哥仨送到王杲部做人质。按说都是血脉至亲，外孙子的到来应当是给老爷子增添天伦之乐的，但努尔哈赤之父、大明建州左卫指挥塔克世当时是明朝的官，与王杲这个部落首领正是对头，因此翁婿两人闹得很僵，王杲也就迁怒于外孙子，将自己的这几条血脉看成奴隶。

虽然努尔哈赤在外公家是奴隶，但好歹也有个落脚之处，不至于无家可归。然而古勒城一战，王杲部落彻底覆灭，努尔哈赤再次陷入孤苦无依的境地。眼见李成梁对自己动了杀心，努尔哈赤连忙跪倒于地，抱住李成梁所骑战马的腿，放声大哭，再三请死。

如果努尔哈赤不去痛哭请死，李成梁是一定要斩草除根的；结果他请杀之言一出口，李成梁反倒于心不忍了。动了恻隐之心的李成梁偏腿下马，"怜之，不杀，留帐下卵翼如养子"（明·姚希孟·《建夷授官始末》），把努尔哈赤带到了抚顺城中。

李成梁部驻扎的抚顺城建于明洪武十七年（1384年），其意为"抚绥边疆，顺导夷民"，正是中原的桥头堡，在战略上起到对辽东少数民族各部落群体的监视及反扑作用。因此，被朱明王朝视为关外地区的军事要地，其守将也自然是要千挑万选。李成梁镇守辽东30年，仅大捷就有10次之多，时有"东南戚继光，东北李成梁"之说，将其与抗倭英雄戚继光相提并论。后世清人所撰的《明史》中，也给了这个死对头以很高的评价："边帅武功之盛，（明）两百年来所未有。"可见其人在军事上确有造诣。

李成梁是朝鲜人后裔，高祖李英时迁到中国。大明王朝对他不那么待见，虽然李成梁有能力及军事素养，但还是被派到这个苦寒之地来了。不过这对李成梁来说也算是因祸得福，《明史》中说他"全辽商民之利尽笼入己"，控制了整个东北地区的军事、经济，俨然一方军阀。

努尔哈赤的以退为进之术，保全了自己的性命，投身李成梁后，因"身长八尺，智力过人，隶成梁标下。每战必先登，屡立功，成梁厚待之"（明·管葛山人·《山中见闻录》），不可不谓塞翁失马。

一天，李成梁的爱妾在给他洗脚的时候，发现了李成梁脚底板上有三颗黑痣，很惊讶。李成梁得意地说："这三颗黑痣可是富贵之兆。正是因为有了它，我才能当上如此大的官。"

他的小妾若有所思："那脚心上长了七颗红痣的又有什么福分呢？咱家小罕（努尔哈赤的昵称）的脚底板就有七颗红痣呢。"

李成梁听后大惊失色，几乎将洗脚盆踢翻：脚心长七颗红痣乃是天子之象，这个"野猪皮"表面上看倒还本分，可没想到他脚底下踩着的竟是这么大的一座火山！前不久朝廷传来一道密旨，称据观天象，紫微星下凡，东北方有天子之气，着李成梁秘密查访，一有消息，即刻逮捕。

李成梁当下主意拿定，也不声张，而是命令下人连夜打造囚笼，准备天一亮就将努尔哈赤押解上京。

李成梁的小妾虽然不明白怎么回事，但善于察言观色的她见李成梁脸色有异，忽怒忽喜，再喜再怒，心知定跟自己刚才说的话有关。平日里她与努尔哈赤的关系不错，见此情形，顿感后悔，于是偷来了李成梁的令箭，趁着夜色，跑到了努尔哈赤的卧室，告诉努尔哈赤李成梁要对他下手，让他赶紧跑，能跑多远跑多远。

努尔哈赤手持令箭，骑上一直伴随他的一匹青马，冲出李府，冲进了茫茫的夜色中。

死里逃生很玄乎

抚顺，李府，夜未眠。

一具女尸静静地悬在一棵种在静谧之处的柳树上。万籁俱寂，唯有府中工匠们刻意压抑的打造囚笼的叮当声，在夜空中回响。

三更天了，但李成梁一点倦意也没有。他目光灼灼地看着渐渐成形的囚笼，心下不禁得意非常。要知道，当时在位的天子是万历皇帝朱翊钧，这位皇上感兴趣的是如何享尽人间富贵，如何做到长生不老，因此无论七颗红痣之象是不是天子之兆，万历皇帝都会深信不疑的。

突然，一个家丁匆匆跑来报告："小夫人自缢了！"

李成梁闻听此言，好似一瓢冷水当头浇下。他倒是不在乎一个女子，而是隐约感觉到努尔哈赤已经不在他的掌控中了。

果不其然，当李成梁匆匆赶到努尔哈赤所住的卧室中时，那里早已是人去屋空。盛怒之下，李成梁下令将已死的小妾全身衣服扒光，用柳条重责四十。传说后来满族人民每年收黍子的时候，都要插柳枝，为的是感激和纪念那位为救努尔哈赤而殒命于柳树上的小妾；而熄灯祭祀的习俗，则源于为死后赤裸身体的小妾避羞。

亡羊补牢，为时未晚。李成梁当即下令，出兵追击，不抓回努尔哈赤誓不罢休，活要见人，死也要看到尸体！

此时的努尔哈赤正骑着青马在浓浓的夜色中逃亡，身边只有他的大黄狗紧紧相随。从夜到晨，又从晨到中午，直到把他的那匹青马累死在了路上。努尔哈赤看着青马的尸体，看着青马依旧在滴淌着血沫的嘴，潸然泪下，发誓说："大青啊大青，日后我努尔哈赤建国之时，必以你的名字来命名！"说罢，他带着狗继续逃亡之旅。

失去了脚力的努尔哈赤自然跑不过装备齐全的追兵。情急之下，他一头扎进了一片荒草地。黑土地土质好，就算是荒草也比人长得高，努尔哈赤钻进去，就如同是一根针掉进了汪洋大海，上哪儿去找？李成梁的追兵还都骑着马，更没法进去找了，索性将荒草地围了个水泄不通。

跑了一整夜的努尔哈赤见追兵没跟上，顿时松懈了下来，委顿倒地，沉沉睡去。

李成梁左等右等也不见努尔哈赤的动静，顿时大怒，命令士兵纵火，一定要逼出努尔哈赤，就算是把他烧死了也行。顿时火光冲天，荒草地成了一片火海，转瞬间就要烧到努尔哈赤的身边。而努尔哈赤，依然昏昏地睡着。

见熊熊之火马上就要烧到身边，始终伴随着努尔哈赤的那条黄狗万分焦急，连咬带挠也没把努尔哈赤弄醒。情急之中，狗看到不远处有一个小水坑，就跳进去把身体沾满水，再跑回努尔哈赤身边打滚，压灭大火，就这样来来回回的，终于在努尔哈赤身边弄出了一条防火隔离带。努尔哈赤的性命算是保住了，但那条狗却累死了。

这时,荒草地也被火烧得七七八八了,李成梁的追兵踏着地上的灰烬一点点地缩小包围圈。当追兵快靠近努尔哈赤的时候,一群乌鸦铺天盖地地扑到了努尔哈赤的身上,将他遮了个严严实实。追兵走近一看,以为是乌鸦在啄吃死尸,认定努尔哈赤已死,也就鸣金收兵,撤回了李府。

这一切都是在努尔哈赤尚在沉睡时发生的。等他睡够了睁眼一看,见旁边倒着自己的狗,身上落着一群乌鸦,再看到身边的灰烬和防火隔离带,方明白了刚才的凶险。于是再次流泪起誓道:"从此之后,凡是我爱新觉罗的子民,终生不得吃狗肉,不得使用任何狗皮做的衣物!"再转眼看看已经从身上飞走、尚在空中盘旋的乌鸦,"终生也不打乌鸦!"

就这样,努尔哈赤逃脱了李成梁的追踪。

与满族人的肇始相同,上述这段历史同样充满了不可思议的色彩。其实这也是一个民间传说,并且为当今绝大多数人所了解和接受。但事实却并非如此。

努尔哈赤确实因为王杲的战败而被李成梁俘虏,可他的身份只是李成梁的奴隶,养子一说实为后世杜撰。要知道,李成梁可是有九个儿子的,个个都挺成器,没必要把一个小奴隶当儿子养活。

努尔哈赤脚底板上的七颗红痣也不过是传言,谁也不知道有没有。努尔哈赤逃出李府的真实原因是他与李成梁的小妾有苟且之事,被李成梁听到了风声。这种家丑对一个普通男人来说都是致命的,更何况堂堂封疆大吏?李成梁肚量再大,这口气恐怕也没法咽下去。

至于以青马之名为大清国号，更是子虚乌有。清的国号是在1636年由皇太极改金为清。为什么称之为清？史学界公认的说法有两种：

一种说法是在改国号的前一年，也就是1635年，皇太极便废除了族号"女真"，改称"满洲"。在满语中，"满洲"的发音与"曼殊"相似。"曼殊"一词来自佛教，本是一尊佛的名字，意思是"清之帝王"。皇太极用"清"代"金"作为国号，对于取代明王朝和笼络各族人心，都比"大金"或"后金"这两个称呼所能起到的作用大得多。

另一种说法恰与上面的说法相反，乃是舍去"清"的本意而用其发音。满语中的"清"与"金"属谐音字，在发音上，汉语的"清"与满语的"金"发音相同，把"金"改为"清"，只是改了一个发音相同的汉字而已，满文中却无须改动。

具体哪一种说法是正确的，现在史学上尚无定论，以至于还有多种说法流传：例如皇太极曾经得到一方据说是夺自元顺帝之手的传国玉玺，皇太极因此改国号"金"为"清"。至于传国玉玺与"清"有什么关系，那就不得而知了。

无论怎么说，努尔哈赤算是离开了李成梁的地盘。他万万没想到的是，此次死里逃生，竟彻底改变了他的命运，而中国的命运，也在那一刻被改写。

血染古勒城

辽东，古勒城，满目疮痍。

一个精壮的汉子站立在大火过后的废墟上，眼望西南，双目尽赤，双拳紧握，良久，从牙缝中挤出一句话："此仇不报，誓不为人！"

此人乃建州女真右卫酋长喜塔喇氏·阿台，王杲之子，努尔哈赤的舅舅。李成梁的一把大火，烧毁了阿台的家园，也使得王杲打下来的根基不复存在。

当年王杲侥幸逃脱之后，带领包括阿台在内的一干家眷到了哈达部，想要在自己的好友海西女真哈达贝勒王台处暂且躲一下明军追杀的风头。见到老朋友来了，王台很是高兴，将王杲和其家眷安置好，并承诺说等风头过了，便亲自率兵护送王杲还归辽东，以帮助他再起东山，与朝廷相抗衡。接下来的数日，王台天天与王杲把酒言欢，一派和谐气象。

然而，王台表面上的殷勤厚待，实际上却是掩盖阴谋的烟幕弹。明军得知王杲躲在哈达部时，便密令王台交出王杲，否则，王台将面临城破人亡的结果。王台无奈，只得听从。又担心打草惊蛇，便采用这种日日款待的手段，将王杲原有的戒备心理予以打消，王杲对王台没有了一点防备之心。王台所苦苦等待的时机来了。

某日，王台又摆起盛宴款待王杲。心里已经十分踏实了的王杲很快就酩酊大醉，人事不省。王台趁此良机命手下将王杲捆了个结结实实，打算押解进京，交与明廷处置。

阿台闻听王台用奸计将父亲擒获，心知王台要将王杲送入京师领功，而此一去必是凶多吉少，遂决定以死相拼，救老父于危难之中。阿台虽武艺超群，却并不是一介莽夫。因此他没有大动肝火，仅凭借一身蛮力与王台争个鱼死网破，而是策划了详细的劫狱方案。

设计擒拿了王杲后，王台自然也不能放过他的家人。哈达军丁整日严密地监视着阿台和他家人的住处，时刻防范他们做出不利于王台的举动。这样一来，局势就逼得阿台不可鲁莽行事，若稍有不慎，得到的将是灭顶之灾。

经过周密的计划，阿台终于躲开了守卫的法眼，逃出被森严监视的住所，悄无声息地前往监押王杲的牢狱里打探，准备找个机会救出父亲。

然而老谋深算的王台早就猜到了阿台会甘冒奇险劫狱救父，在醉缚王杲当天，就以重兵押解，将其连夜送到明军的手里。明辽东守臣得到王杲后，即以槛车送至京城。之后，朝廷颁旨一道，将王杲凌迟处死。

尚在哈达部的阿台经过一番探询，方才得知老父早已被押解至京城处死，在自己羽翼未丰的情况下，只好强压满腔怒火，潜回已经成为废墟的古勒城。

重回故地的阿台在废墟之上再建古勒城，继承父志，欲称雄于建州。古勒城重修之后，阿台自封为王，昔日里被李成梁军击溃的王杲旧部也相继回归，投靠于阿台麾下；同时，阿台又将原建州左卫的部族陆续统一，实力迅速扩张。

为了进一步巩固统治力量，阿台与兄弟阿海、王太在与古勒城相望之处，另起一座沙吉城，两城互为犄角，打造了一个防御系统上的互保营寨。此外，阿台兄弟三人又进一步通过修建秘道、控制水渡等一系列手段进一步加强了两座城池的防御能力，只等着实力进一步壮大，以报杀父之仇。

在建州一方来说，阿台部的实力足以称王称霸，但与哈达部相比，实力仍逊色一筹。行事谨慎的阿台在磨快了刀之前自然不敢去啃这块硬骨头，而是先选择明朝与辽东的边境之处作为复仇之对象。

自万历十年（1582年）起，阿台对辽东之处大肆抢掠，稍有抵抗便挥刀屠杀。明军守卫伤亡惨重，对阿台闻之色变。同年，阿台终于找到了复仇之良机——王台死了。

有王台坐镇的哈达部内部团结，外部又受到明廷的保护，而他一死，哈达部内部为争夺继承权而大打出手，哈达部的力量受到极大的削弱，这就为阿台的复仇造就了天赐良机。阿台得知消息之后，立即联系到叶赫部酋长杨吉奴，商议与之共同出兵征讨王台之子虎尔罕。杨吉奴与虎尔罕早有罅隙，如今阿台主动相约联合出兵征讨，杨吉奴自然大喜过望。

哈达部闻听阿台与杨吉奴联军来犯，忙向明廷求援。明廷先是下诏喝止，但复仇心切的阿台根本不将这道旨意放在眼里。此举彻底激怒了明廷，命李成梁出兵讨贼，阿台大败，被迫撤回古勒城，继续寻机对明边进行窃掠与屠杀行动。

此时的明廷已下定决心祛除这一方隐患。由于古勒城和沙吉城防御系统固若金汤，朝廷一时没有找到奏效的办法。这时，一个名叫尼堪外兰的人为负责此项军事行动的李成梁提供了足够的信息。

佟佳·尼堪外兰是苏克素浒河部图伦城主，向来受明廷的节制，算是明廷安插在辽东地区的间谍。辽东各部落一有风吹草动，他便要向明廷进行汇报，以辅佐明廷维护辽东地区的安定。

阿台欲报父仇而大肆抢掠、出兵哈达部之事自然难逃尼堪外兰的双眼；同时，嗅觉灵敏的他也意识到阿台这种公然与朝廷决裂的行径必会激起京师的怒火，而这，也正有他的用武之地。

尼堪外兰来到李成梁府，向李成梁表示自己愿意为进攻古勒城的明军提供帮助，愿意以一名向导的身份为明军打开通往胜利之门。

李成梁对此自然是求之不得，不过一个尼堪外兰还不足以保证胜利在握，他又找了两个人一同作为向导，这就是努尔哈赤的祖父和父亲觉昌安与塔克世。虽然塔克世是古勒城原城主王杲的女婿，与王杲之子阿台为姻亲，但这不过是由于早年间塔克世出于对自己部落利益的考虑而娶了王杲之女为妻，并不代表着姻亲关系的和谐性。一方是明廷的地方官，一方是建州女真的领头人物，算是冤家对头，再密切的关系，也不大可能消除这种来自骨子里的对比。因此，李成梁命令觉昌安和塔克世同尼堪外兰一起跟随明军行动时，觉昌安父子也就毫不犹豫地答应了。

1583年2月，在李成梁的率领、尼堪外兰等人的指引下，明军浩浩荡荡地杀奔古勒城。

阿台利用古勒城和沙吉城的互守之势，与明军展开了激烈的战斗。李成梁到底是一员军事素质极强的将领。他先兵分两路，将相距三里远的两城分别包围，切断了两城的互援之路。李成梁率一部攻打古勒城，令副将秦得倚攻打沙吉城。沙吉城一战即下，守卫沙吉城的阿海战死。而古勒城三面临水，一面靠山，易守难攻，明军伤亡惨重仍久攻不下。即使李成梁施火攻，也未损其分毫。李成梁一筹莫展，把尼堪外兰、觉昌安、塔克世三人叫过来痛骂一顿。

三人见李成梁拿自己当出气筒，虽有满腹委屈也说不出来，只得想法破城。按照李成梁的指示，尼堪外兰先行出动，在城门外许诺："天朝大兵既来，岂有释汝班师之理？汝等不如杀阿台归顺。太师有令，若能杀阿台者，即令为此城之主！"（《满洲实录》）

尼堪外兰承诺，谁能诛杀阿台，就让他代为古勒城城主，并又满口应承，大军进城之后只杀阿台一人，余者皆无罪。同时，觉昌安、塔克世父子利用自己与阿台的亲属关系进得城中，散布流言："明军只诛杀阿台，其他人可以放心开门迎接明军""诛杀阿台，归顺尼堪外兰，可得荣华富贵。"

一时之间，古勒城中军心大动，虽然大多数人仍在负隅顽抗，但也有部分士兵开门迎明。

古勒城门轰然洞开，明军如流水般冲入城内。然而李成梁并没有信守不杀诺言，明军入城之后大肆杀戮。据《明史·李成梁传》

记载，此役明军共屠戮1300余人（另有一说是2200多人），阿台在混战中中箭身亡。阿台之弟王太乘混乱厮杀之机，逃出城去，成为王杲、阿台家族中的唯一幸存者，从而使得这一族支能在女真动荡的社会中延续下来。

此役的重要性并不在于古勒城破、明廷的心腹之患阿台战死，而在于先大军一步进入城中的努尔哈赤的祖父觉昌安和父亲塔克世一并死在了明军挥起的屠刀之下。

相对于1300多个死者来说，两个人的死并不起眼，但努尔哈赤又怎会放过这个可以树立起自己实力的机会？祖、父之死，带给他的是莫大的悲伤，同时，也带来了改天换地、龙起辽东的机遇。

闪击图伦，首战告捷

京师，紫禁城。

万历皇帝朱翊钧面前的龙案上摆放着两份奏折，一份让人感到兴奋，那是李成梁上奏剿灭辽东大患阿台部的捷报；另一份则让人感到头疼，同样是李成梁所奏，但却是因古勒城一战，属于明军一方的觉昌安和塔克世被杀，其后代努尔哈赤向明朝廷索要赔偿的奏折。

以明廷眼下的国力，向努尔哈赤做赔偿只不过是九牛一毛而已。当时大明内阁首辅张居正刚刚辞世不久，明王朝的下坡路还没那么明显，国家实力仍在，给点赔偿并不是什么大不了的事。然而，以天朝上国之身份向辽东的"化外之民"做赔偿实在是好说不好听。若是置之不理，谁又会知道那些人将会闹出多大的乱子来。万历皇帝左右为难，干脆把这事交给新上任不久的内阁首辅申时行。

申时行不是张居正，他没有前任乾纲独断的魄力，也没有雷厉风行的勇气。为了保证边疆的稳定，申时行起草了一份兼顾双方的

清太祖努尔哈赤

奏折，请皇上准奏。万历皇帝觉得申时行的主意不错，就痛快地下诏给"债主"努尔哈赤了。

其实努尔哈赤并不指望朝廷会对其祖、父之死做出什么赔偿。对大明王朝来说，一个小小的建州左卫指挥，哪怕是父子两条性命，也根本不会在意。他们虽然做的是大明的官，但还有另一个身份，那就是建州女真的部落首领，这种身份才是为大明王朝所忌讳的。王杲、阿台都是明摆着的例子。即使没有犯边的意思，朝廷也会严加防范。

祖、父之仇自然要报，但自己的实力远远不够，强大如阿台者也没有抵挡住明军的刀锋，因此，伺机而动才是正确的。他之所以向明朝索赔，实质上是在向朝廷表态：我努尔哈赤是朝廷的人。朝廷希望女真人自相残杀，以免势力坐大，那我就自相残杀给你们看看。而这背后，则需要朝廷的支持。在朝廷颁给努尔哈赤的圣旨中，他见到了这个希望。"明覆曰：汝祖、父实是误杀，遂以尸还，仍与敕书三十道，马三十匹，复给都督敕书。"（《满洲实录》）

归还遗体，30道敕书，30匹马，这就是觉昌安和塔克世两条性命换来的"国家赔偿"。马对于辽东地区来说并不是什么稀罕物，这些赔偿中，最值钱的就是敕书。

在明代，敕书是明朝政府发给女真各部酋长的一种换信。女真各部酋长凭此敕书，才可以到马市进行商品交易活动。到了万历年间，只有敕书持有者才能入京朝贡贸易，发放的敕书数就是朝贡的限额，朝贡贸易由此真正成为敕书贸易。明代的敕书几乎是一次性发放，因此属于稀罕物。最初发放时，建州女真总共才500道（海西女真有1000道），这次一下子给了努尔哈赤30道敕书，无异于给其部落一个生财之道,一个以辽东特产换钱、壮大自己的机会。

虽然朝廷已经用"误杀"一词来解释觉昌安和塔克世之死,也做出了很有"诚意"的赔偿,但这并不能消除努尔哈赤的复仇之心,因为复仇之外,他还有更大的野心。复仇,仅仅是他的第一步。

第一步向谁复仇?目标自然不可能是明朝。努尔哈赤现在的全部家当只有30匹马、一个龙虎将军的虚衔,外加父亲塔克世留下来的13副盔甲,用这点装备对明朝宣战,无异于以卵击石。于是,他将报复的目标最先锁定在炸开古勒城门的女真族图伦城城主尼堪外兰身上。

最初,努尔哈赤希望借明军的力量来处置尼堪外兰,曾对明军边将说:"杀我祖、父者实尼堪外兰唆使之也,但执此人与我,即甘心焉。"然而边将则称:"尔祖、父之死,因我兵误杀故,以敕书马匹与汝,又赐以都督敕书,事已毕矣。今复如是,吾即助尼堪外兰筑城于嘉班,令为尔满洲国主。"

努尔哈赤气急败坏地往回走,途中偏又遇到了尼堪外兰这个冤家,于是上前质问。最终,不但质问没有得到结果,反而被其奚落了一顿。这下更加深了努尔哈赤对尼堪外兰的仇恨。回到其地,努尔哈赤联合沾河寨主常书等百余人,加上自己的30来人,于万历十一年(1583年)四月三十日晚向尼堪外兰所据的图伦城(今辽宁省新宾县汤图)发起了进攻。

努尔哈赤轻骑直进,直扑图伦。次日东方未明之时,已将图伦城围了个水泄不通。

见图伦城内已是插翅难飞,努尔哈赤吹响了攻城的号角。努尔哈赤的部下，与之自小一起长大的安费扬古一马当先，率一部人马在城墙之下搭成一道人梯，安费扬古顺着人梯一跃而上，数个守城的兵丁顿时倒在了他的刀下，余人纷纷跃上城头，一番血战之后终于将城门由内打开。在城外早已等得急不可耐的努尔哈赤，见城门洞开，立刻率领部下蜂拥而入。猛烈的攻击持续了不到一刻钟，便以图伦城守兵弃械投降而告终。

此役，努尔哈赤"得甲三十副，兵百人以归"（民国·汉史氏·《满清兴亡史》），取得了起兵之后的第一场大捷，但尼堪外兰却跑了。

在起兵之前，努尔哈赤曾密会了萨尔浒城城主诺密纳兄弟，并得到他们派兵相助的承诺，然而正式发起进攻时，却不见诺密纳兄弟的身影。出兵心切，努尔哈赤当时也未作他想。

如此机密的行动却被尼堪外兰事先得知了消息，是谁告的密？不言而喻。

当努尔哈赤尚在路上行军时，尼堪外兰已经带领家眷偷偷地溜出了图伦城，逃往嘉班城（今辽宁省抚顺市东大甲邦），努尔哈赤派弟弟舒尔哈齐直扑嘉班，尼堪外兰又仓皇向鹅尔浑（今辽宁省抚顺县河口台）狂奔而去，躲过了这一劫。

突袭图伦城，努尔哈赤打的是为祖父、父亲报仇的旗号。然而实质上，尼堪外兰在古勒城之战中又有什么过错？阿台兄弟的行径让朝廷已是忍无可忍，古勒城本身就是一颗不定时炸弹，留着它只会让朝廷旦夕难眠、寝食难安，对维护边境之稳定更是一大祸患。这根眼中钉不予拔除，那只能说明朝廷的软弱与无能。朝廷下定了决心，尼堪外兰这样一个小小的部落首领又怎能有反抗的勇气？因此，攻打古勒城只不过是水到渠成之事，尼堪外兰在其中起到的作用，不过是顺水推舟罢了。

尼堪外兰不顾建州女真的利益而去投靠明廷，其实也是无奈之举。瘦死的骆驼比马大，明廷再弱，对整日里战乱不断、一盘散沙的女真部落施以镇压也易如反掌。辽东地区亦属于大明领土，《诗经》有言，"普天之下，莫非王土；率土之滨，莫非王臣"，以此来论，尼堪外兰当向导也并不为过，就连觉昌安和塔克世也一样依附于明朝，努尔哈赤又有什么理由去指责尼堪外兰呢？

至于尼堪外兰炸开城门，实质上还是李成梁的安排。入城之后只杀阿台、不杀他人也是李成梁做出的承诺，一个小小的尼堪外兰又有什么能力去阻止他违反承诺？死于乱军之中的觉昌安与塔克世，也并非尼堪外兰亲手所刃，完全是因为巷战之中战况莫测，敌我难辨，努尔哈赤又有何借口去责备尼堪外兰？

正如前文所说，努尔哈赤闪击图伦城，不过是为壮大自己的实力找一个借口罢了。古勒城之战后，明廷亲口许诺立尼堪外兰为满洲之主，但尼堪外兰的实力却远远不够。努尔哈赤用尼堪外兰开刀，一方面是向明廷表示归顺，一方面又有示威之意，而他根本的目的仍在于统一整个辽东地区，用雄厚的实力与明廷对抗。

应该说，尼堪外兰是努尔哈赤崛起之路上一块可悲的垫脚石。正是踩着这块石头，努尔哈赤才建起了日后的广阔天地。

兔子急了也会咬人

夜凉如水。努尔哈赤在赫图阿拉城中沉沉地睡着。多少年了，他都没有在自己的家里睡过这么香甜的觉。10岁时他被父亲赶出家门，从此开始了做奴隶的生涯。奴隶生活结束之后，努尔哈赤仍是无家可归，只得靠在山林里打猎采参度日；也曾出入关市，辗转各地，佣工谋生；又曾听明朝边官征调，出征参战。总之，在颠沛流离中度过了数年的时光。直到祖、父战死，才算回到了家中。因筹划突袭图伦城、除掉尼堪外兰之事，更是夜不能寐。此际，虽然他没能手刃尼堪外兰，但总算迈出了宏图大业的第一步。

窗外，一个黑影敏捷地闪过巡逻的守卫，无声无息地潜入了努尔哈赤沉睡中的院落。一把锋利的刀，在月光下闪着冷冷的光芒。

院子里的狗突然狂叫起来，惊醒了沉睡中的努尔哈赤。借着月光向窗外一望，寒闪闪的刀光正扑面而来。努尔哈赤纵身跃起，随手提起枕边的刀，自窗口跃出。刺客见势不妙，落荒而逃。

努尔哈赤心里很清楚派来刺客的不是别人，正是他的叔伯兄弟们。

努尔哈赤突袭图伦城之事让他的这些叔伯兄弟们异常恼怒。在这些人眼里，尼堪外兰是朝廷钦命的名正言顺的女真之主，努尔哈赤此举，是在向朝廷的权威发起挑战。这样做带来的必然是整个女真族的灭顶之灾。加上塔克世死后，朝廷让努尔哈赤荫袭了建州左卫指挥一职，这更让人难以接受。因此，只有让努尔哈赤彻底消失，才能让他们的心好受一些。

这种想法不只是爱新觉罗氏家族人才有，其实整个建州女真对努尔哈赤的这种做法都大为不满。努尔哈赤起兵之前，也希望那些曾跟尼堪外兰有过芥蒂的部落能共同起兵，但绝大多数部落首领都一口回绝，他们怕的就是引火烧身。

对自己族人的这种心态，努尔哈赤也感到无奈。开弓没有回头箭，他现在唯一能做的就是继续向前。但他也隐约地感觉到，这次暗杀失败，叔伯兄弟们那边肯定不会善罢甘休。若想成就大事业，这个障碍不可不除。

次日清晨，果然又发生了变故：安费扬古之子被人绑架！绑架者还留下一张字条，声称如果安费扬古继续为努尔哈赤效命，就要杀掉他的儿子。对方是铁了心地要将努尔哈赤置于死地：既然没法对他动手，那么就拿他身边的人开刀，到时候只剩下努尔哈赤孤家寡人，看他还能如何兴风作浪！

这种卑鄙的举止彻底激怒了努尔哈赤，也坚定了失去爱子的安费扬古的决心。

恰逢此时，萨尔浒城城主诺密纳兄弟捎来消息。一方面为没有参加突袭图伦城之战表示歉意；另一方面是想约努尔哈赤一同去攻打巴尔达城（今辽宁省抚顺市大伙房水库东南），城破之后，所得利益平分。

努尔哈赤心里很明白，上次放走尼堪外兰之事便是诺密纳兄弟搞的鬼，这次主动示好，是因为他们害怕遭到努尔哈赤的报复。努尔哈赤当下也不声张，顺水推舟，紧接着便将安费扬古叫到身边，悄声嘱咐了一番。

第三日，努尔哈赤率兵如约而至，在巴尔达城下与诺密纳兄弟会合。不过他先提出了一个条件，要诺密纳军先行进攻，本部则作为后续力量。

心怀鬼胎的诺密纳自然不敢把"屁股"留给努尔哈赤，坚决表示反对。努尔哈赤又道："尔既不攻，可将盔甲、器械与我兵攻之。"（清·鄂尔泰·《清太祖武皇帝实录》）诺密纳不知是计，欣然应允，当下便令手下军士脱衣卸甲，将武器交与努尔哈赤部。

努尔哈赤见自己的军士穿戴整齐，一声喝令，将诺密纳兄弟团团围住，努尔哈赤大将额亦都一刀挥去，将诺密纳斩于马下。奈喀达见状惊慌失措，拔马要走，结果努尔哈赤麾下的另一员大将噶哈善手疾眼快，自背后一枪，将其挑落马下。

眼见两位城主已经双双就戮，自己也失去了甲胄武器，面对如狼似虎的努尔哈赤部，萨尔浒城的士兵只得纷纷表示归顺。

得到了300多名萨尔浒的降卒，努尔哈赤分外高兴，当即分兵两部，让舒尔哈齐与额亦都率一部对降卒予以整点收编，自己则率领另一部向萨尔浒城飞奔而去。距离萨尔浒城还有一里之遥时，便望见一面大书"建州左卫"的旗帜正在城头之上迎风飘扬，安费扬古早已大开城门，迎接努尔哈赤的到来。

原来，这场战斗早就在努尔哈赤的策划之中。在诺密纳主动邀请努尔哈赤联兵攻打巴尔达城之时，他便已密令安费扬古率领百余骑兵连夜突袭萨尔浒城。为了表示自己是实实在在地示好，也为了在攻打巴尔达之际能够确保除掉努尔哈赤这根眼中钉，诺密纳率领萨尔浒精兵倾城而出，留给安费扬古的只是一座不设防的城池。

虽然被绑架的爱子至此仍生死不明，但对手的恐吓和威胁却进一步坚定了安费扬古追随努尔哈赤的决心。努尔哈赤将偷袭的重任交给了安费扬古，实际上是给予了他充分的信任。平心而论，自己的孩子被劫持，在生死未卜的状态下，谁也不可能心平气和地继续为主征战，没有方寸大乱已经算是心理素质过硬的了。努尔哈赤手下强将如云，额亦都、噶哈善都是能独当一面之人，没必要非让一个尚处于悲痛中的父亲去担当此重任。努尔哈赤仍将此任交与安费扬古，实际上是用此计拴住他的心。

努尔哈赤的这一招，与《三国演义》中刘备白帝城托孤有异曲同工之妙："若嗣子可辅，则辅之；如其不才，君可自为成都之主。"一句话换来诸葛亮"鞠躬尽瘁，死而后已"，努尔哈赤用这个其实并不难的任务赚到了安费扬古的忠心耿耿。

安费扬古也没让努尔哈赤失望。攻打巴尔达的前夜，他率领骑兵快马加鞭，子夜时分就将人马隐蔽在萨尔浒城的周边暗处，静待时机。等诺密纳率领军队离城走远之时，安费扬古便领着一干身手敏捷的士兵翻过城墙，神兵天降般站在了一群老弱残兵面前。就这样，未费一兵一卒，安费扬古干净利索地将萨尔浒城纳入了努尔哈赤的囊中。

拿下萨尔浒，意味着努尔哈赤完成了苏克素浒部的统一，但这又岂是努尔哈赤的最终目的？他的眼光望向的是更为广阔的天地——建州。

建州女真共分成建州部与长白部。建州部包括已经成为努尔哈赤囊中之物的苏克素浒河部（辽宁苏子河流域）、浑河部（辽宁浑河北岸）、完颜部（吉林通化以南）、董鄂部（辽宁桓仁县附近）、哲陈部（辽宁抚顺附近）五部。长白部包括纳殷部（吉林抚松县东南）、珠舍里部（吉林临江县北）、鸭绿江部（吉林吉安县）三部。夜袭萨尔浒之后，实力得到进一步壮大的努尔哈赤横扫建州，至万历十四年（1586年），已将建州部的大部分地区收入囊中。然而，当他面对实力最为强大的董鄂部时，战场上的叱咤风云无法帮他达成所愿，为了征服这个强有力的对手，努尔哈赤不得不另辟蹊径。

十岁小女下嫁有妇之夫

万历十六年（1588年）的某个黄道吉日，赫图阿拉城内张灯结彩，努尔哈赤在自己的建州左卫指挥府上大宴宾客。流水席从早至晚，没有散去的迹象。

子夜时分，一顶装扮得花枝招展的轿子来到了府门口，建州女真董鄂部首领何和礼一身艳装，身披红绸，胯下一匹高头大马，衬托得28岁的他愈加精神抖擞。

得到通报后，努尔哈赤忙带领一干人等出院门迎接。何和礼口称岳父泰山，下马叩头行礼，紧接着，便在前呼后拥下走进了建州左卫指挥府。

他的这个"乘龙快婿"何和礼仅比他小一岁，这在古代来说也算不上什么问题，问题是，何和礼已经是有家室之人；更重要的问题是，努尔哈赤要嫁出去的长女东果格格年仅10岁。

俗话说：皇帝的女儿不愁嫁。此时的努尔哈赤虽然还不是皇帝，但也是大明建州左卫指挥，名义上的建州女真之主，按理说也不至于如此着急把年方10岁的女儿嫁出去，还是给人家做小妾。

难道何和礼真的优秀到了万里挑一的地步吗？

没错，何和礼是辽东地区少有的青年才俊，武艺高强、性情宽和、内敛而富谋略，在部落威信极高，绝非庸常之辈。他26岁时便继承其兄长之位，成为了董鄂部的首领。

不过仅仅是这样，也不足以使努尔哈赤将幼女下嫁。何和礼的董鄂部是建州女真五大部落之一，拥兵7000余人，兵强马壮，实力雄厚。当年王杲在世时，也须让它三分。努尔哈赤的壮志在于统一女真，与明廷对抗，要实现这个目的，第一步先要将建州女真纳入囊中。毫无疑问，自王杲部为明所灭、苏克素浒河部被努尔哈赤一统之后，董鄂部成了统一之路上最大的拦路虎。

动用武力？现在的努尔哈赤啃不动这块硬骨头，而他也没有耐心慢慢壮大自己的实力后再去收拾董鄂部，于是，他便动起了联姻的念头。

在统一女真各部的战争中，努尔哈赤用兵的一个显著特点是：不仅用步骑强攻，而且以计谋智取。当用武力无法收服一个对手的时候，那么最好的办法就是与他联合。唯有采取联姻的方式，方能让对方死心塌地地跟着自己走。把幼女当作政治的牺牲品，对努尔哈赤来说也是无奈之举。

这场婚宴，将努尔哈赤的雄心彰显出来。

按照满洲的婚礼习俗，"午夜亮轿，五更娶亲"，也就是新郎官要在午夜时分带着轿子来到未过门的媳妇家，由女方家安排一顿迎亲宴，到五更天（凌晨3点～5点）时将新娘子带入家门拜天地。因此，何和礼于子夜时分准时上门迎亲，并高坐在迎亲宴上。

看起来一切都很顺利，但何和礼忘了一个人：他的原配——

赛堪。

新郎就位，酒宴更加热闹。正在这个时候，一个守兵匆匆来报：城门口有100多号人正在一个女子的带领下破口大骂，高声叫嚷让努尔哈赤还了她的丈夫。

努尔哈赤不明所以，把眼偷看何和礼，但见这位新郎官的脸顿时吓得煞白。别人不知道，何和礼可猜了出来：那个带头的女子正是他的原配夫人赛堪。她可是个巾帼不让须眉的人物，不仅光艳照人，更能统兵上阵，性格泼辣直率，让何和礼是又敬又怕。

何和礼临走之时，向赛堪说是去与努尔哈赤就两部联合一事做些商讨，谁知道他出了城门便穿戴一新、抬起轿子给人家做女婿去了。留守城中的赛堪得到来自心腹之人的通知时，当场火冒三丈，点了100亲兵向赫图阿拉城杀奔而来。

得知在城外闹事的是新女婿何和礼的原配夫人，努尔哈赤感到既好笑又无奈。清官难断家务事，更何况这也不是什么能一笑了之的事，连忙让妻子富察氏·衮代（努尔哈赤的续弦之妻，其原配佟佳氏·哈哈纳扎青，即东果格格的生母早逝）和自己手下的一位女将椒箕陪同女婿何和礼一同前去探察真相。

结婚本来是一件喜事，可被老婆这么一闹，何和礼的面子怎能挂得住？连忙跑到城外，想把赛堪哄回去。谁知刚走到一身戎装、勒马持剑的赛堪面前，就被老婆当头一剑劈了过来。何和礼勉强躲过，衣服却被划破一道，狼狈至极。准岳母衮代一看女婿那边情况不对，忙让椒箕迎战赛堪，不出几个回合，便将赛堪生擒活捉。

赛堪带着一肚子的怒火被缚到府中，本以为自己此次凶多吉少，却没想到努尔哈赤满脸堆笑地亲自为其松绑赐座，上茶赔礼：

"这件事与你的丈夫无关,你要是心里不痛快,想打想骂就冲着我来吧。"此话一出,反倒弄得赛堪无所适从,满腔怒火无处发泄,只听努尔哈赤继续说道:"我把女儿嫁给你的丈夫与儿女私情无关,而是想通过这种方式让我们这两个部落联合起来。我的女儿嫁过去之后也不会抢你的地位,你还是大福晋,让东果做偏房,就当自己多了个小妹妹罢了。"一席话说得赛堪哑口无言,再见到还是一个小孩子的东果格格后,也感觉自己为这个小孩吃醋有些不值,也就默许了这门亲事。

这是在清代天嘏所著的《满清外史》中所记载的故事。按其中所说的,努尔哈赤就是用这种先兵后礼的手段把何和礼从赛堪手中抢了过去,这里面的赛堪也是通情达理之人,努尔哈赤说了几句好话也就接受了。何和礼算是正式成为了努尔哈赤的女婿,董鄂部与努尔哈赤也正式联合起来。如此,建州女真的大半江山都为努尔哈赤所据,统一建州女真,仅剩下一个时间问题。

出来混,总归是要还的

抚顺城,如往日一般平静。但在抚顺守将裴松的眼里,风平浪静下翻滚着的是惊涛骇浪。掀起这个涛浪的不是别人,正是在他眼前唉声叹气着的尼堪外兰。

对尼堪外兰来说,抚顺城已是他最后的屏障。努尔哈赤闪击图伦之后,尼堪外兰便如丧家之犬,四处奔波逃命。他先是跑到了嘉班,结果舒尔哈齐紧跟着尼堪外兰追击到了嘉班。无奈的尼堪外兰又跑到鹅尔浑,靠着明军的保护才勉强过了几年安稳的日子(另有一说称尼堪外兰曾一路跑到了今天的黑龙江省齐齐哈尔城南地区)。

努尔哈赤岂会因此而善罢甘休?杀父之仇不共戴天,虽然明军对尼堪外兰大加袒护,但努尔哈赤哪里会将其放在眼里?报仇事小,以此为契机奠定下一统辽东的基础才是大事。尼堪外兰是朝廷钦命的满洲之主,唯有取而代之才有一呼百应的机会。虽然现在的他也算是一方霸主,但尼堪外兰一天不死,他就无法在这个位子上坐得安稳。这次,努尔哈赤的大军终于攻破鹅尔浑城,他又岂能再让仇家逃出生天?

攻城之战中，努尔哈赤身先士卒，突入战阵。"为首一人穿青绵甲，戴毡帽，太祖（努尔哈赤）见之，疑是尼堪外兰，单身直入四十人中，内一人箭射太祖胸旁，从肩后露镞，共中伤三十处。太祖不怯，犹奋勇射死八人，复斩一人，余众皆散。"（清·鄂尔泰·《清太祖武皇帝实录》）

然而，尼堪外兰还是于乱军之中跑了，跑进明军的抚顺大营，请求抚顺守将裴松给予庇护。

裴松望着因惊恐而瑟瑟发抖的尼堪外兰，轻叹一声，心里感到好笑，但又有些可怜这个家伙。

塔克世死后，尼堪外兰本来是明廷要重点扶持的对象，然而就是这样一个堂堂部落首领，却被一个只有十三副铠甲的努尔哈赤打得狼狈不堪。再加上尼堪外兰依附明朝，在女真部落里的口碑极差，古勒城之战后，努尔哈赤又大肆宣扬尼堪外兰对女真的背叛之举，更使得这位依赖于明朝的女真首领的声望一落千丈。努尔哈赤仅用百余兵力便将图伦城攻克、尼堪外兰事前得到消息却也无援来救便是明证。虽然当时的各个部落不愿意帮努尔哈赤，但对尼堪外兰也是嗤之以鼻，就乐得做个坐山观虎斗的看客。对于这样的尼堪外兰，明朝还有什么继续保护、扶持的必要？

已经失去了利用价值的尼堪外兰，在明朝的眼里，不过是一个累赘罢了。如何甩掉这个包袱，正是现在的裴松为之挠头的。

正在裴松想辙的时候，六名身上深深插着箭镞的汉族人跌跌撞撞地冲进了抚顺军营。这六人本已在乱战中中箭，被努尔哈赤所擒。"太祖复深入其箭，令带箭往南朝传信：'可将仇人尼堪外兰送来，不然我必征汝矣。'"（清·鄂尔泰·《清太祖武皇帝实录》）

裴松心里明白这只不过是努尔哈赤的大话罢了,以努尔哈赤现在的实力,还没有胆量跟大明王朝叫板。由于东南沿海的倭寇尚未肃清,朝廷方面现在也不想把过多的战力投入到辽东中来,因此,对努尔哈赤这种凶横跋扈的行为,还是采取息事宁人的做法好,而且,也正好摆脱了尼堪外兰这个累赘。

不过,如果直接把尼堪外兰绑起来给努尔哈赤送去,朝廷的颜面又将何存?于是裴松躲开尼堪外兰,派人给努尔哈赤送去一个口信:"尼堪外兰既然来了这里,岂有送出去的道理?你自己来杀他吧。"

努尔哈赤听了这话之后又惊又喜,但又不敢相信:"汝言不足信,莫非诱我入耶?"从使者口中得到的答复是:"若不亲往,可少遣兵去,即将尼堪外兰与汝。"

努尔哈赤虽然很想手刃仇人,但也不敢跟明朝廷兵戈相见,更不敢轻身犯险,最后派部将斋萨(另有一说是安费扬古)率40余人前往一探真相。

裴松派走了使者,回过头来对尼堪外兰说:"我已经让努尔哈赤撤军了,鹅尔浑城还是你的,收拾收拾东西回家去吧。"

尼堪外兰将信将疑,但也不敢多说什么,只得战战兢兢地走出了抚顺城门。

刚刚走出城门,他便看到虎视眈眈的斋萨正横刀立马,其身后的40多个军士也都杀气腾腾,心中大呼不好,转身想要往回跑,发现城门紧闭,已是上天无路入地无门。

正当尼堪外兰无计可施之时,斋萨提刀赶到,只一刀便结果了尼堪外兰的性命,带着尼堪外兰的尸体凯旋。随即努尔哈赤在赫图阿拉城中将尼堪外兰的尸体剖腹挖心，祭奠祖父和父亲。

这一年是万历十四年，距离闪击图伦之战已经过去了三年。

大仇得雪，努尔哈赤却没有停下战车。他起兵的目的本来就不是为了报仇。

在以后的日子里，努尔哈赤由近及远，恩威并行，"顺者以德服，逆者以兵临"，将分散在建州的异己势力一个个削平。

至此，努尔哈赤统辖区域西起抚顺，东至鸭绿江，北接开原（今辽宁省开原市老城镇），南连清河（今辽宁省本溪市清河城），建州女真实现了统一，努尔哈赤走完了他统一大业的第一步。下一步，他的铁骑将要踏上另一片黑土——海西女真的部落。

不过，努尔哈赤最初是打着为祖父、父亲报仇的旗号而起兵的，如今尼堪外兰已死，与远方的海西女真又没有什么血海深仇，贸然出兵只会引来明廷的反对，甚至是引火烧身。

就在努尔哈赤为出兵理由烦恼的时候，让人始料未及的是，海西女真率先点燃了战火。

因美女而灭的九部联盟

万历四十四年（1616年），蒙古草原。喀尔喀部首领莽古尔岱的宠妾、刚嫁来一年多的叶赫部"大龄女青年"（史称"叶赫老女"）——东哥病逝，时年34岁。这本是历史长河中微不足道的一滴水，却因为一段征战、一个人，而映射出一片历史洪波。

这段征战，就是女真族的统一战；这个人，就是努尔哈赤。

统一女真各部，这是努尔哈赤扩张的关键一步。统一女真的标志就是踏平海西女真的最大部落——叶赫，而东哥则是叶赫部落的前首领布斋的女儿、新首领布杨古的妹妹——全名叶赫那拉·布喜娅玛拉。历史的洪流将她推到时代的浪尖上，流溢出古希腊美女海伦般的炫目光华。

努尔哈赤与美女东哥之间没有荡气回肠的英雄气短，没有缠绵悱恻的儿女情长，有的只是一片金戈铁马的喊杀声和诡谲反复的政治手段，两个没有交叉点的人生共同导演了一段波澜壮阔的历史，引领着女真族走向统一。

自万历十一年（1613年），努尔哈赤凭借着祖、父留下的十三副遗甲起兵以来，直至万历十九年一统建州女真各部，历时9年时间，"环满洲而居者，皆为削平，国势日胜"（清·鄂尔泰·《清太祖武皇帝实录》）。接下来，阻挡他统一脚步的就是海西女真和野人女真。

海西女真别称扈伦四部，包括叶赫部（今吉林四平）、哈达部（今辽宁清河流域）、辉发部（今吉林桦甸县）、乌拉部（今吉林伊通县）四部。这是一块难啃的硬骨头，尤以叶赫女真部为最。

努尔哈赤所属的爱新觉罗氏族与叶赫那拉氏族之间的矛盾由来已久。据说早在元末明初时，叶赫那拉氏族与爱新觉罗氏族之间便发生过一场战争。当时，爱新觉罗家族的头领为了使叶赫那拉氏臣服，指着大地说："我们是大地上最尊贵的金子（爱新觉罗是金子的意思）！"叶赫那拉的首领听后一阵大笑，指着天上的太阳说道："金子算什么，我们姓它（叶赫那拉就是太阳的意思）。"在那场战争中，叶赫那拉氏族最后打败了爱新觉罗氏族，成为当时女真族最大的部落。

历史的发展难以预见。叶赫那拉氏族和爱新觉罗氏族总是在敌人与朋友之间徘徊，是敌人的时候，难免要兵戎相见；是朋友的时候，便歃血为盟。是战是和，都视当时的情况和利益而定。这次亦不例外。不过，这次笑到最后的是主角努尔哈赤，叶赫那拉氏的东哥只是他扫平海西女真的一件工具、一个借口而已。

万历十九年，努尔哈赤迎来了海西女真叶赫部的两位使者宜儿当阿、摆斯汉，跟他们一起来的，还有一封书信：

> 乌拉、哈达、叶赫、辉发、满洲总一国也，岂有五王之理？尔国人众，我国人寡，可将额勒敏、札库木二处，择一让我。
>
> ——清·鄂尔泰·《清太祖武皇帝实录》

字句中挑衅之意跃然纸上。

努尔哈赤帐下诸将读罢，无不义愤填膺，怒火中烧，狼一样的目光扫得原本趾高气扬的宜儿当阿、摆斯汉两人双股战栗。

而努尔哈赤，却仿若无事人一般，只是淡淡地说道："我乃满洲，尔乃扈伦，尔国虽大，我不得取；我国虽大，尔亦不得取。况国非牲畜可比，焉有分给之理？尔等皆执政之臣，不能极力谏主，奈何忝颜来相告耶？"（清·鄂尔泰·《清太祖武皇帝实录》）

没过几天，宜儿当阿、摆斯汉又来到赫图阿拉城，这次与他们同来的还有哈达、辉发两部的使者。三部落公然联合起来，再次挑战努尔哈赤的耐心与勇气。

仗着有三大部落做靠山，宜儿当阿、摆斯汉再次趾高气扬起来，此次带来的措辞更带有浓浓的火药味：努尔哈赤不答应割地的话，那么，努尔哈赤将要为建州承担被海西大军血洗的后果。

听罢此言，努尔哈赤大怒，拔剑斩案，势如雷霆，怒喝道："尔主弟兄，何常与人交马接刃，碎烂甲胄，经此一战耶？昔孟革卜卤、戴鄪叔侄自相扰乱，如二童争骨满洲儿童每掷骨为戏故云云，尔等乘乱袭取，何故视我如彼之易也，尔地四周果有边垣之阻耶？吾即昼不能往，夜亦能至彼处，尔其奈我何，徒张大言胡为乎？昔我父被大明误杀，与我敕书三十道，马三十匹，送还尸首，坐受左都督敕书，续封龙虎将军大敕一道，每年给银八百两，蟒段十五匹，汝父亦被大明所杀，其尸骸汝得收取否？"（清·鄂尔泰·《清太祖武皇帝实录》）

随即努尔哈赤修书一封，将这番强硬的措辞写上，命使者将之交到海西女真部落首领的手中。

努尔哈赤的态度让东哥的父亲、海西四部首领、叶赫部头人布斋十分恐慌。他向努尔哈赤讨要领土，实际上是在试探这个人是否会与明朝一样，是自己在海西女真的统治的又一大威胁。如今换来的是努尔哈赤的强硬，他也心知努尔哈赤绝不只是口头上说说而已。因此，先下手为强才是解除隐患的关键所在。

布斋清楚，别说单凭自己的叶赫部，就算是整个海西四部，也不是努尔哈赤的对手，因此，他需要更强有力的支持。他的女儿东哥，便又一次成为了牺牲品。

东哥是名扬塞外的美女，据说任何语言都难以形容她的美之万一。她也因此成为叶赫部最具杀伤力的政治武器，而且屡试不爽。

东哥短短的一生中换了 7 个未婚夫，除去 11 岁时为父亲夺得海西四部（叶赫、乌拉、哈达和辉发）头把交椅"牺牲"一次外，此后六次许婚都与努尔哈赤有着直接或间接的联系。

为了巩固联盟、组建九部联军攻击努尔哈赤，布斋答应了海西女真乌拉部首领为其弟布占泰聘娶东哥的请求，征得了乌拉部的支援，于是，一场在统一海西女真中起到关键性作用的大战爆发了。

万历二十一年（1593 年）九月，扈伦四部加上长白山的朱舍哩、讷殷两部，以及蒙古科尔沁、锡伯、瓜尔佳三部，组成多达 3 万兵力的九部联军，兵分三路向建州发起进攻。

面对来势汹汹的九部联军，努尔哈赤并未慌张。虽然以他的兵力来说，对抗三万大军实则是以卵击石，但努尔哈赤深知，海西气势虽猛，但有一个致命的弱点，"打蛇打七寸"，只要将海西九部联军的七寸捏在手中，那么，纵使迎战三万大军，也不过是小菜一碟。

九部联军在浑河北岸扎下大营，紧接着便向扎喀关（今辽宁新宾境内)、古勒山(今辽宁新宾县上夹乡古楼村西北)一带推进。

敌报传来,时近五更。得讯的努尔哈赤毫无惊恐之色。"'人言叶赫国不日兵来,今果然也。我兵夜出,恐城中人惊,待天明出兵,传谕诸将。'言毕复寝。衮代皇后(萨济富察氏·衮代,皇太极之母)推醒太祖曰:'今九国兵马来攻,何故盹睡,是昏昧耶?抑畏惧耶?'太祖曰:'畏敌者必不安枕,我不畏彼,故熟睡耳。前闻夜黑兵三路侵我,来期未的,我心不安,今日已到,我心始定。我若有欺骗处,天必罪我,我当畏之。我承天命,各守国土,彼不乐我安分,反无故纠合九部之兵,欺害无辜之人,天岂祐之?'言讫复睡。"(《清太祖武皇帝实录》)

努尔哈赤临阵之际仍可酣然入梦,实则是成竹在胸。三万大军虽来势凶猛,但终究是乌合之众。临时集合起来的联军各自为政,缺少统一的战前部属与作战计划,散沙一堆而已。建州兵虽少,但优势在于一心,只要并力出击,不愁不胜。

是故,古勒山一役,努尔哈赤以少胜多,歼敌4000多人,获战马3000匹。布斋战死沙场;东哥的第二任未婚夫乌拉部布占泰,尚未来得及成婚,便做了努尔哈赤的阶下囚。

此役过后,海西女真和建州女真的实力发生了根本性的改变。它打破了女真九部军事联盟,改变了建州女真和海西女真的力量对比,标志着女真力量的核心从海西转到建州。此战之后,努尔哈赤"军威大震,远迩慑服"。

九部联军虽破,但海西女真仍在。不荡平海西女真,统一大业就无从说起。努尔哈赤需要一个理由,需要一个让铁骑踏上海西女真领地的理由。

翅膀硬了单飞时

大明辽东都督佥事李成梁面对着诏书，摇头叹息。香案之外站着的传旨太监满肚子不耐烦，但面对眼前的这位封疆大吏、一方霸主也不敢表现出来，仍然赔着笑，悄声重复着："请李大人接旨。"

李成梁长叹一声，接过了圣旨，但他始终怀疑自己的耳朵是不是听错了，又展开来细读了一遍。事实证明，他并没有听错。

对于这道圣旨，李成梁早有心理准备，只是没想到会来得如此突然。犹记得万历十七年，巡按御史胡克俭在朝堂之上参了他一本，说他"先后欺罔状，语多侵政府"。这个时候的万历皇上已经不再视朝，朝政大权掌握在内阁首辅申时行手中。申时行是个老好人，任上不求有功，但求无过，他也心知有李成梁镇守的辽东无论内部有多乱，总不会给明边境的稳定带来太大的威胁。因此，胡克俭的弹劾被他留中不发，压了下来。

李成梁得知此事后，心里十分忐忑。他也知道自己在辽东的这些年俨然一方霸主，军事、政治、经济大权独揽一身，遭到了上面很多人的嫉恨，因此，他觉得很有必要入朝解释清楚。万历十八年春，李成梁亲赴京师，入朝述职。一番辩解，倒也打动了万历的心，但仍没有稳定住自己的仕途。

万历十九年的大明帝国，已经是一株开始腐朽的树，官僚腐败至极，财政危机非常严重，军备弛懈，士气积弱，战争频繁，天灾不断，正经历着由强盛转入衰亡的时刻。作为首辅的王家屏不可能视而不见，虽然他没有扭转乾坤的能力，但有只手补天的勇气。是年，御史张鹤鸣再上书弹劾李成梁，恰恰触动了王家屏的忧虑之处——他不能容忍一个独立于朝廷之外的人。于是，李成梁也就自然而然地被罢免了大明辽东都督佥事之职，调回京师。

明廷将李成梁从辽东调回京师，却没有一个如李成梁一般的人物来镇守边疆，辽东总兵换了一个又一个，均无法达到有效治理辽东之目的。而对于有着雄心壮志的努尔哈赤来说，此时的大明王朝，不过是抚顺城中的一只病猫罢了。

如此一来，统一海西女真之后的努尔哈赤也不必再想方设法找什么借口去对野人女真宣战，他可以明目张胆地出兵将野人女真纳入到自家的版图中去了。

明朝初期，"野人"一词被用来指代为女真人。到了明代中期，也就是建州女真和海西女真正式形成之时，"野人"又成为了除这两支女真人外的其他女真人的代称。其含义很明显，就是因为这部分女真人的社会经济和文化相对来说比较落后。近年来又有学者认为，是因为这部分女真人居住在比较偏远的地方，对明朝廷很少进贡而得名。

野人女真有很多分支，最为主要的两支是东海女真和黑龙江女真。东海女真居住在松花江和乌苏里江流域，以及乌苏里江以东的滨海地区，包括窝集部（黑龙江宁安县东北）、瓦尔喀部（吉林延吉以北）、库尔哈部（黑龙江中游、牡丹江下游一带）。黑龙江女真则主要居住在黑龙江流域，包括萨哈连部（今黑龙江省牡丹江地区）、虎尔哈部（今黑龙江省黑河市对岸）、使犬部（今黑龙江下游地区）、使鹿部（今库页岛-乌第河一带）、索伦部（今黑龙江嫩江市以西广大地区）等。

虽然野人女真分布广泛，但在经济、军事、政治上均处于尚未开化的状态，再加上群龙无首，最适宜为实力雄厚的努尔哈赤分别击破。

万历二十六年（1598年）正月，努尔哈赤的长子褚英、幼弟巴雅喇与部将费英东等人率领1000兵马，直取东海女真瓦尔喀部安褚拉库路（今松花江上游二道江一带），20余座屯寨及其所属的女真人民，尽皆纳入努尔哈赤囊中。

9年后，被乌拉部占领4年之久的东海女真瓦尔喀部蜚优城众见努尔哈赤日渐强盛，断然抛弃了旧主子，投靠建州。以此为契机，努尔哈赤打响了乌碣岩（今朝鲜钟城境内）大战，大获全胜。紧接着，努尔哈赤命侍卫扈尔汉率兵1000人，前去进攻窝集部所属的潺野路（今吉林珲春市东北），俘获2000余人和大量牲畜。从此，努尔哈赤"威行迤东诸部"，乌拉部再"不敢窥望其去留，兵锋所指，莫敢谁何"，东海诸部望风归附。

乌拉部臣服后，努尔哈赤又相继降服了东海女真的那木都鲁、瑞芬、宁古塔、尼马察四卫之首领。万历三十九年七月，努尔哈赤第七子阿巴泰协同将领费英东、安费扬古带领几千兵马，征讨乌尔古宸、木伦两部，俘获上千人。随即又将扎库塔城并入版图。

4年之后，努尔哈赤仅用了2000人马，便将窝集部的厄黑枯棱城（今乌苏里江以东滨海地区赫塔赫河地方）攻占，城中万余士兵成为俘虏，500户百姓归降。

至此，努尔哈赤基本实现了对东海女真的征服，并取代明朝政府，获得了对此地的实际管辖权。

自万历二十六年正月至万历四十五年，努尔哈赤的建州铁蹄用了近20年的时间踏平了野人女真的领土；自万历十一年至万历四十五年，努尔哈赤用了30余年的时间，将建州女真、海西女真以及野人女真的大部统一到了自己的麾下，"自东海至辽边，北自蒙古嫩江，南至朝鲜鸭绿江，同一言语者俱征服。是年诸部始合为一"（清·鄂尔泰·《清太祖武皇帝实录》）。基本上结束了女真社会的长期分裂、割据、动乱的局面，推动了女真社会的发展和满族共同体的形成，也使得辽东地区摆脱了明朝廷的统治，成为了一个独立于明王朝而存在的统一的政权。

努尔哈赤此时已经羽翼丰满，下一步，他的长矛将要指向腐朽的大明帝国，擎起敲响朱氏王朝丧钟的巨杵。

第二章
后金崛起，只玩真的不忽悠

日渐衰落的明朝已经无力约束辽东的出水蛟龙。一统辽东之后的努尔哈赤以"七大恨"告天，掀起以取代明廷、入主中原为目的的刀光剑影。萨尔浒，沈辽广宁，努尔哈赤和他的后金军以摧枯拉朽之势让明军陷入万劫不复。直到袁崇焕横空出世，后金势不可当的铁骑方才为之一滞。

上马征战忙，下马改革新

方从哲手里拿着辽东巡抚李维翰五百里加急送来的呈文，长吁短叹。朝野里派别林立，党争激烈，而作为一国之君的万历皇帝却从不视朝。朝政紊乱、官僚腐朽、百姓疾苦、边患危机……所有的事都压到了他这个内阁首辅的身上。如今，辽东再告危急，他又能怎么办？

"如果李成梁还健在就好了。"方从哲暗暗地想。

可惜的是，万历四十三年（1615年），93岁高龄的李成梁撒手归西，留给大明王朝的是一个处处隐患的辽东。

万历三十四年（1606年），李成梁再次被朝廷起用镇守辽东，他这一次的走马上任，更多的是采用如开市等怀柔政策来缓解辽东的局势，也确实取得了一定的成效。但这样做的后果就是，让辽东守军成为封建将领的私军，"成梁诸战功率藉健儿。其后健儿李平胡、李宁、李兴、秦得倚、孙守廉辈皆富贵，拥专城，暮气难振"（《明史·李成梁传》）。以这种状态怎么能镇守住辽东？更何况，辽东守军将要面对的是一个统一起来的满洲。

辽东的局势点燃了朝中的燃眉之火，群臣纷纷谏言为辽东地区拨发军饷。本来辽东地区还是很富庶的，但守将中饱私囊，致使守军纷纷逃亡，守将已无力应对辽东局势。方从哲上书称："今缺饷至于数月，诸军饥不得食，寒不得衣……宜速发内帑数十万，先尽该镇，次及九边，用以抒燃眉之忧。"

然而，直到万历四十四年十月，万历皇帝才从太后的手里拿了30万两白银充当辽东军饷，不够的，让户部和兵部商议想办法筹措。当时大明王朝之腐朽，可见一斑。

区区30万两，而且又拖了大半年之久，对于辽东守军又有何意义？辽东边患由来已久，明朝诸臣之所以此时才想起为军士讨要军饷，实际上是因为那里发生了一件大事：努尔哈赤建立了大金政权。

在《清太祖武皇帝实录》中，鄂尔泰进一步补充道："颂为列国沾恩明皇帝，建元天命。"国号大金。由是，大金政权正式建立，为了与宋朝时期的完颜氏的金国政权相区分，后世将之称为"后金"，都城定于努尔哈赤起家时的大本营赫图阿拉。

后金政权的建立，意味着辽东地区从此彻底摆脱了明王朝的统治，正式与朱明王朝分庭抗礼，迈出了改朝换代的重要一步。

自万历十一年起兵至万历四十四年建国，再到万历四十五年完成满洲的统一，34年的时间里，满洲部落从一盘散沙凝聚成了一块铁板。散沙凝聚成铁板需要经过锻造，努尔哈赤在用金戈铁马打造后金政权的同时，也通过运用各种改革、创新手段，将女真人真正地统一起来。其中，为后世之人所称道，并且影响了整个中国200多年历史的，便是创建八旗制度与发明满文。

"淑勒昆都仑汗（即努尔哈赤）把聚集的众多国人，都平均划一，三百丁编为一牛录。一牛录设厄真一人。牛录厄真以下设代子二人、章京四人和村领催四人。四名章京分领三百男丁，编成塔旦。"这是《满文老档》太祖卷第一函第四册记载的关于八旗制度的雏形——女真传统牛录制。后来，努尔哈赤在此基础上，将牛录组编为四个"固山"，即"旗"，创建了后金耕战合一的社会组织：黄、白、红、蓝四旗。后来又增设镶黄、镶白、镶红、镶蓝四旗，合为八旗，正式建立了八旗制度。

这与此前少数民族建立的政权辽、金、元不同，那些少数民族在入主中原后直接接纳了汉族制度的模式，虽然各有不同，但骨子里却是一模一样的，他们直接从氏族部落制度跃至封建制度。而努尔哈赤创立的八旗是"满洲八旗"，通过八旗这个纽带，他把原来分散的女真人统一编制起来，形成一个整体。

八旗制度反映了女真社会经济结构的发展和变化。当时农业已经成为女真的主要生产部门，铁农具和牛耕的普遍使用、工商业的发展、商品交易的频繁，使得满洲民殷国富。八旗兵丁为各部平民，八旗拥有耕地、牲畜或蓄奴数人，负担兵役力役。

八旗中最具特征的是兵民合一制度，平时耕猎为民，战则披甲为兵，每个八旗平民都有出征厮杀的义务。各个时期敛丁披甲的比例不一，有时一牛录出五十甲，有时一牛录一百甲，有时一牛录一百五十甲，大体上是三丁抽一。这样，就建立起一支拥有精兵数万的军队——八旗劲旅。八旗军队纪律严格、组织严密，当时传言女真人不能满万，满万则天下无敌。努尔哈赤八旗军队开始有六万人，后来发展到十万人，更是天下无敌了。在这支军队面前，无论是形同朽木的明军，还是李自成的农民军，都仿若一群乌合之众，这是后金、清能够不断取得胜利，最终定鼎北京、入主中原的一个重要原因。

这种兵民结合、军政结合、耕猎结合的制度，具有军事、行政和生产三方面的职能。一方面满足了向外扩张的需要；一方面便于对民众进行统领；另一方面兼顾生产，为战争备足良好的物质与经济基础，恰恰适合了不断扩张的后金政权的战争需要。

努尔哈赤的绝对专权始终以诸贝勒大臣会议为辅助，这既是女真氏族社会民主制的残余，也是努尔哈赤在频繁征战中集思广益而后决策所必需的。原则上，八旗的每个旗主互不统属，看似独立，因此有所谓的"八王共治"之说。实际上，这只是努尔哈赤为各旗主画的一个满足他们参政需求的"大饼"而已。作为后金国汗，努尔哈赤和此后即位的皇太极一直都是八旗的家长和最高统帅，始终将大权握在手中。因为他们清楚，自己对八旗的绝对控制，才是实行专权统治的重要前提。

所以，在握有后金实权的诸贝勒大臣会议中，议政大权始终集中在努尔哈赤家族手中，并日益向最高权力者聚拢。比如后金建立前的与努尔哈赤有着生死之交的"五大臣"，其后四位年长子侄组成的"四大贝勒"，努尔哈赤家族将后金大权牢牢地握在自己的手中。

八旗制度提高了满洲人的战斗力，成就了八旗劲旅的功绩，而将这些功绩记载并流传下去则有赖于努尔哈赤的另一项伟创：创制满文。

经过几个世纪的颠沛，女真文已残缺不全，发布政令要么用蒙

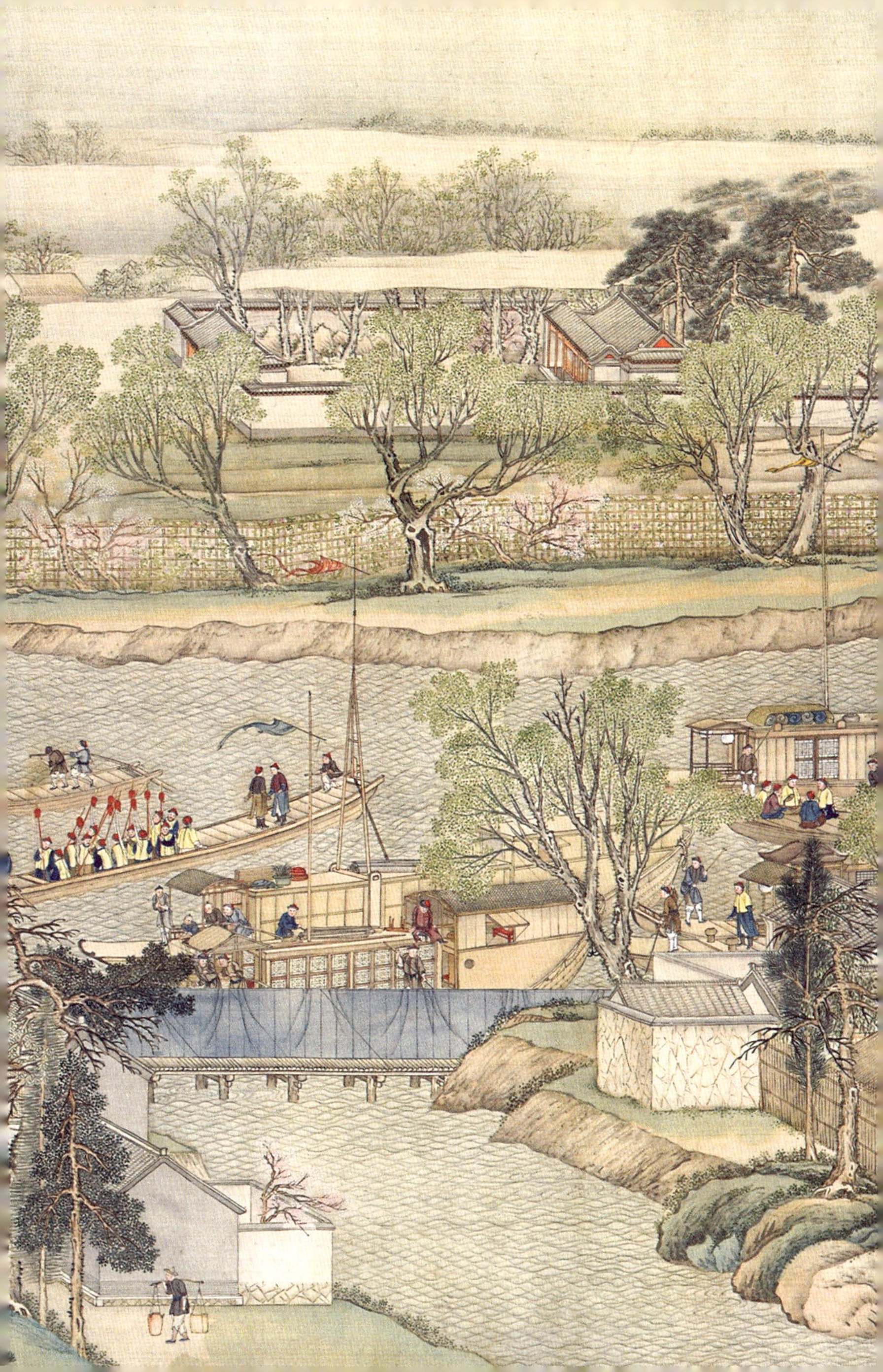

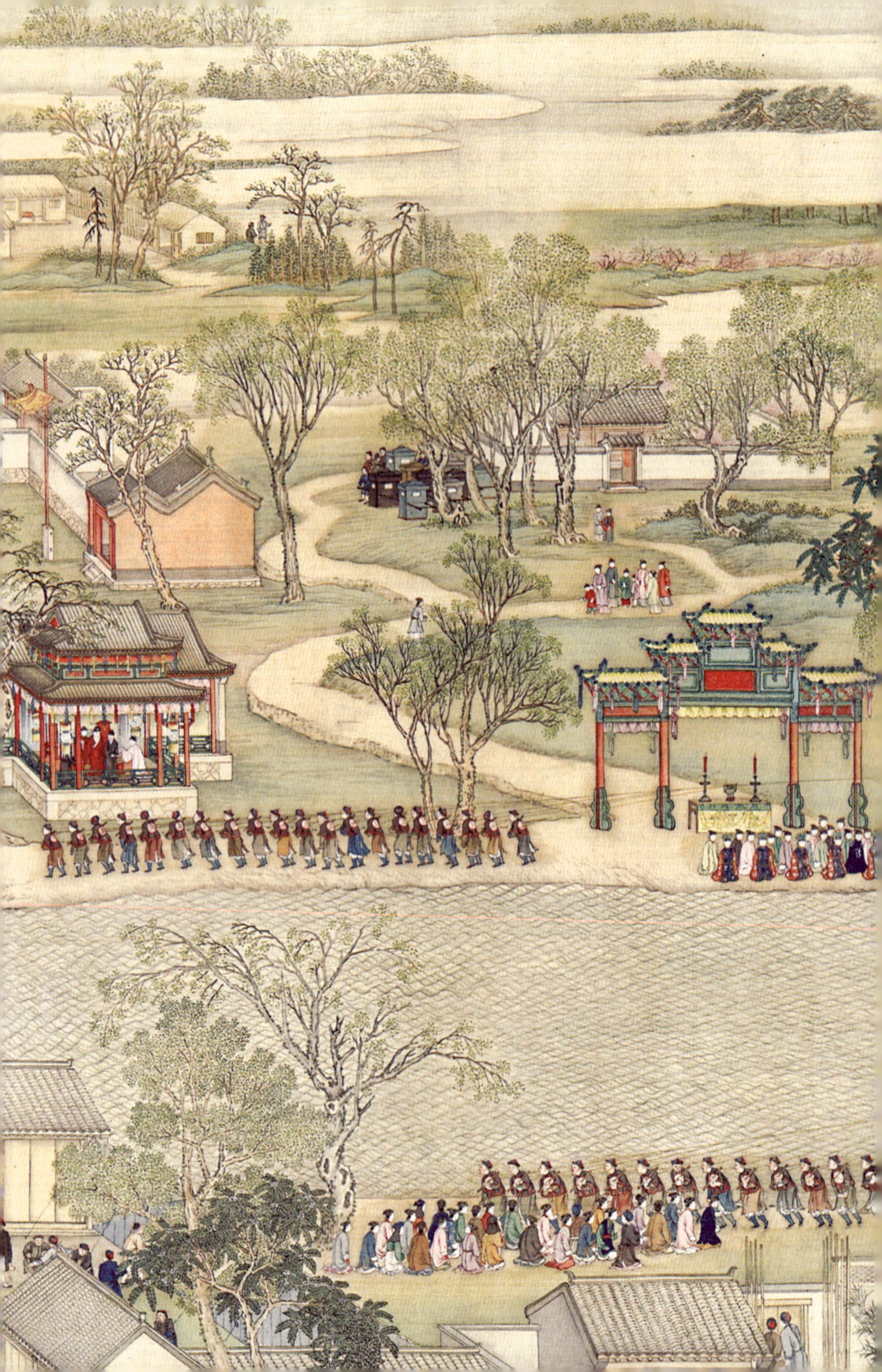

古文，要么用汉语"代言"，使得政令传达诸多不便，努尔哈赤便决定创制满文，并于万历二十七年（1599年）命额尔德尼和噶盖两位大臣用蒙古文字与女真语音拼成满文，作为满族统一的文字。有了文字，满族历史才能得以记载，人文社会的资料才能记录下来。此外，满文后来还成为中西文化交流的一个重要桥梁，创制满文是满族历史上一个划时代事件，是中华文化史上一件大事，也是东北亚文明史上一件大事。

统一女真部落、统一东北地区、制定满族文字、创建八旗制度、促进满族形成、建立后金政权……努尔哈赤用了34年的时间完成了崛起，完成了向朱明王朝宣战的准备。

七恨告天,师出有名

天命三年(1618年)正月十六日清晨,晨曦欲吐,红日未升,一轮圆月仍悬于西天。

> 有青黄二色气,直贯月中。此光约宽二尺,月之上约长三丈,月之下约丈余。帝(指努尔哈赤)见之谓诸王臣曰:"汝等勿疑,吾意已决,今岁必征大明国。"
>
> ——清·鄂尔泰·《清太祖武皇帝实录》

由于《清太祖武皇帝实录》相对于后世康雍乾年间所修订的《清太祖高皇帝实录》成书时间更早,所以一向被史学界尊为最具权威性的对努尔哈赤生平的记述。不过从前文这一段文字来看,却颇有些传奇色彩。当然,这很好解释:日月同辉并不是罕见的现象,在某些特定的大气环境下,日月同辉确实可能会导致月中"有青黄二色气"的自然景观,这不过是太阳光的折射罢了。而努尔哈赤正可借题发挥,表述自己征讨朱明王朝的决心,且以天命之由来堵住反对者的嘴。

努尔哈赤觊觎大明江山由来已久，早在其祖、父为辽军"误杀"之后，便心怀复仇之意，不过当时能力有限，也无法公开与明王朝决裂，只能在辽东地区祭起战旗，一步步地统一辽东，壮大实力。如今，整个满洲已经纳入爱新觉罗氏的麾下，而朱明王朝那边却已是夕阳落日，还有什么理由继续向明王朝纳贡称臣呢？

"朕与大明国成衅，有七大恼恨，此外小忿难枚举矣。今欲征大明。"这是努尔哈赤在天命三年（1618年）二月提出来的，也就是后人所称的"七大恨"。他要讨伐大明。

是年四月十三日，努尔哈赤正式以"七大恨"告天：

> 我之祖、父，未尝损明边一草寸也，明无端起衅边陲，害我祖、父，恨一也。
>
> 明虽起衅，我尚欲修好，设碑勒誓："凡满、汉族人等，毋越疆圉，敢有越者，见即诛之，见而故纵，殃及纵者。"讵明复渝誓言，逞兵越界，卫助叶赫，恨二也。
>
> 明人于清河以南、江岸以北，每岁窃窬疆场，肆其攘村，我遵誓行诛；明负前盟，责我擅杀，拘我广宁使臣纲古里、方吉纳，挟取十人，杀之边境，恨三也。
>
> 明越境以兵助叶赫，俾我已聘之女，改适蒙古，恨四也。
>
> 柴河、三岔、抚安三路，我累世分守疆土之众，耕田艺谷，明不容刈获，遣兵驱逐，恨五也。
>
> 边外叶赫，获罪于天，明乃偏信其言，特遣使臣，遗书诟詈，肆行凌辱，恨六也。
>
> 昔哈达助叶赫，二次来侵，我自报之，天既授我哈达之

人矣，明又党之，挟我以还其国。已而哈达之人，数被叶赫侵掠。夫列国这相征伐也，顺天心者胜而存，逆天意者败而亡。何能使死于兵者更生，得其人者更还乎？天建大国之君即为天下共主，何独构怨于我国也。初扈伦诸国，合兵侵我，故天厌扈伦启衅，唯我是眷。今明助天谴之叶赫，抗天意，倒置是非，妄为剖断，恨七也。

——清·鄂尔泰·《清太祖高皇帝实录》

与任何一场"师出有名"的战争一样，每位征讨者都是搜罗罪状、寻找借口的高手。"七大恨"中，除去"杀我父祖"的血海深仇外，努尔哈赤又把"叶赫老女"这件过时的政治工具搬了出来，将"援助叶赫，致使我已聘之女转嫁蒙古"列为七大恨之一。

努尔哈赤之所以选择在这个时间向明朝宣战，是因为此时的辽东内外形势都对其有利。

明军方面的抗倭援朝战争刚刚结束不久，无论是人力、物力还是财力都有极大的损耗；多次与叶赫部落作战的辽东守军是抗倭援朝战争中的主力部队，战争结束后的实力更是锐减。

外部军事实力已经如此堪忧，朝廷内部却腐败到了骨子里：封建官僚把军队粮饷纳入私囊，使得军队的装备陈旧不堪，军需严重匮乏，吃不饱肚子的士兵只能纷纷逃离军队，号称10万大军的辽东守军，实际人数不过三四万而已。就是这些人，军队长官也无心对其进行操练，军营之中本应终日不歇的金鼓之声，在辽东大营却几乎不闻，就算是有偶尔的训练，士卒们也打不起精神来，致使军队毫无士气可言。自李成梁卸任之后，辽军的军械从未被修缮过，刀枪剑戟，锈迹斑斑，遇到女真部落的挑衅，大多数情况下都选择了退缩让避，不敢正面迎击。这样的军队哪有战斗力可言？

在军力部署上，仅三四万人的军队，还分散在北起开原、南至鸭绿江口，以及辽东、辽西的120多处据点中，这就给对手留下了各个击破的余地。

当时除了后金政权和明王朝之外，还存在着一个第三方势力，那就是蒙古。此时，喀尔喀蒙古部落已经跟后金有了联姻的关系，科尔沁蒙古部落也已跟后金政权结盟，位于漠南的察哈尔部因希望借明朝的力量统一漠南蒙古而跟明王朝保持着紧密的联系；同时，明王朝也企图把察哈尔部当作遏制后金发展的屏障。这样，蒙古方面就剩下察哈尔部是努尔哈赤的一个威胁。

天时、地利、人和，天赐之良机岂会被蓄意已久的努尔哈赤所错过？后金与大明之间的战争一触即发，一场改天换地的大战即将打响。

后金与明朝的正面交锋

范文程是清朝历史上的开国宰辅、文臣领袖。据民国相关书籍中的记载，努尔哈赤"七大恨"告天之后的第二天，范文程毛遂自荐，受到清太祖的赏识。范文程被诸多历史学家称为中国历史十大谋士之一，其曾祖父乃明嘉靖年间的兵部尚书范鏓，因得罪权臣严嵩而离任，后被贬为平民，直至隆庆年间才复官；其后，范文程的祖、父都没有达到其曾祖父的高度；到了范文程这代，虽学富五车，却无法攀上政府的高枝。是故，便与其兄长一同投奔了后金政权。

此时的努尔哈赤已经下定决心向明朝开战，他的第一个目标便是抚顺城。自李成梁镇守辽东以后，抚顺城便是女真人同大明王朝进行粮食、牲畜等货物贸易的地方，无论是对后金政权还是对大明王朝来说，都极具战略意义。但抚顺城在李成梁的多年经营下极为坚固，易守难攻，是雄踞在后金军面前的一条拦路虎。

面对固若金汤的城池，努尔哈赤并没有与之硬碰硬，而是先用五千兵马佯攻马根单（今辽宁省抚顺市境内），将明军的注意力予以分散；随后主力部队的 1.5 万人对抚顺发动了突然袭击。

但抚顺城毕竟不是不堪一击的纸老虎，努尔哈赤也不想让自己的首战胜利以重大伤亡作为代价。正在这时，范文程毛遂自荐地站了出来，称自己有办法劝降抚顺守将李永芳。他挥笔写下一封书信，差使者送入抚顺城内。书信如下：

> 明发兵疆外卫叶赫，我乃以师至。汝一游击耳，战亦岂能胜？今谕汝降者：汝降，则我即日深入；汝不降，是误我深入期也。汝多才智，识时务，我国方求才，稍足备任使，犹将举而用之，与为婚媾；况如汝者有不加以宠荣与我一等大臣同列者乎？汝若欲战，我矢岂能识汝？既不能胜，死复何益？且汝出城降，我兵不复入，汝士卒皆安堵。若我师入城，男妇老弱必且惊溃，亦大不利于汝民矣。勿谓我恫喝，不可信也。汝思区区一城且不能下，安用兴师？失此弗图，悔无及已。降不降，汝熟计之。毋不忍一时之愤，违我言而偾事也！

——民国·赵尔巽·《清史稿·李永芳传》

收到范文程劝降书的李永芳踟蹰了半天，一时拿不定是战是降的主意。而努尔哈赤那边却没有坐等。后金先遣队假扮成商人混进了城中，诱使城内的商人和军民出城交易，趁城门大开之时，八旗主力突然攻入城内。李永芳别无选择，宣布向后金投降。抚顺城被顺利地攻克了。

同日，佯攻马根单的兵马也化虚为实，连克东州（今辽宁省抚顺县东州村）、马根单等城寨。

四月二十一日，明辽东总兵张承胤在辽东巡抚李国翰的命令下急率万人大军分三路追击后金军，结果在努尔哈赤之子代善和皇太极的围攻之下大败而归，50多员将领阵亡。

努尔哈赤起兵以来第一次与明朝正面交锋的告捷，极大地鼓舞了后金军的士气。后金乘胜追击，仅用了3个多月的时间，便连下花豹冲堡（今辽宁省铁岭崔阵堡区花豹冲村）、抚安堡（今辽宁铁岭东南）、三岔、鸦鹘关（今辽宁省抚顺市东南）、清河（今辽宁省本溪市清河城）等地。

九月二十五日，后金军攻克会安堡（今辽宁省抚顺市会元乡），大肆屠杀，抚顺关的300屯民惨死在屠刀之下，努尔哈赤留下了一个活口，将他的双耳割掉，修书一封，要他送往朝廷，信中说道："若以我为逆理，可约定战期，出边，或十日，或半月，攻城搦战。若以我为合理，可纳金帛，以了此事。尔大国乃行窃盗，袭杀吾农夫一百，吾杀汝农夫一千，且汝国能于城内业农乎？"（清·鄂尔泰·《清太祖武皇帝实录》）

这封信同抚顺、清河等500多个据点相继沦陷的消息一并传到京师之后，明帝国朝野震惊。已久不视朝的万历皇帝惊呼"辽左覆军陨将，虏势益张，边事危急"。当下便采纳山海关主事邹之易等人的建议，出兵讨伐努尔哈赤。

军力荒芜多年的辽东守军自然无法承担起反击的重任，万历皇帝开始紧急启用旧将：兵部左侍郎杨镐任反击后金的最高统帅——辽东经略；右金都御史周永春为辽东巡抚；原山海关总兵杜松为出关总兵官；已经告老还乡的原四川总兵刘绖也重新应调，披挂上阵。

征讨后金，明军共出动了包括8.8万辽东各路兵马和1.3万朝鲜援兵在内的11万大军；朝廷拨款100万两白银作为军饷，同时加收被称为"辽饷"的田赋200多万两（此举使得万历四十七年徒增赋税520万两，也为后来明末农民起义的爆发埋下了祸根）；另外还从山西和陕西借调了300门大型火炮运往辽东前线。可见明朝廷已做足了紧急而又充分的战争准备。

明军分兵四路，向后金进发。

明军来势汹汹，努尔哈赤又岂会坐以待毙？这场大战早已在他的预料之中。在范文程的运筹帷幄下，后金军已经铺下了天罗地网，静待明军到来。

凭你几路来，我只一路去

努尔哈赤在"七大恨"告天的前一天，即后金天命三年四月十二日颁布了旨在训练士卒、克敌制胜的作战方针。《清太祖高皇帝圣训》记载如下：

> 凡安居太平，贵于守正。用兵则以不劳己、不顿兵，智巧谋略为贵焉。若我众敌寡，我兵潜伏幽邃之地，毋令敌见，少遣兵诱之，诱之而来，是中吾计也；诱而不来，即详察其城堡远近，远则尽力追击，近则直薄其城，使壅集于门而掩击之。倘敌众我寡，勿遽近前，宜预退以待大军。侯大军既集，然后求敌所在，审机宜，决进退。此遇敌野战之法也。至于城郭，当视其地之可拔，则进攻之，否则勿攻。倘攻之不克而退。反损名矣！夫不劳兵力而克敌者，乃足称为智巧谋略之良将也。若劳兵力，虽胜何益？盖制敌行师之道，自居于不可胜。以待敌之可胜，斯善之善者也。

这是他一生战争策略的总结。自努尔哈赤起兵以来，其所历经的大大小小的战役，无不是在遵循此作战方针而行之。面对着即将到来的明朝大军——一个前所未有的强大对手，努尔哈赤依然遵循着这种军事思想。

明军共集结11万大军兵分四路向赫图阿拉进逼，意欲会师于后金都城；而努尔哈赤手中总共只有4.5万人马，虽然在准备与大明军队正面交锋前便已经把军备准备充分，但相对于可以随时调拨全国武装力量的明政府来说，还有着天壤之别。与之硬碰硬，无异于以卵击石。

面对这种不利局面，努尔哈赤并不担心。范文程在了解了整个局势之后，提出一条"管他几路来，我只一路去"的作战方针，后金无须忌惮明军的强大实力，因为明军的内部矛盾，正为后金提供了各个击破的条件。

明军方面战略部署完毕之后，原计划于明万历四十四年、后金天命四年（1619年）二月二十一日兵出辽东，然而天公不作美，自十六日起普降大雪。内阁首辅方从哲却无视天气状况，一再敦促杨镐出兵。

方从哲担心，一旦战况被拖延，那么庞大的军费开支势必会给本已千疮百孔的国家经济雪上加霜，只有速战速决才是正道。在这些朝中大员眼里，一个小小的后金不足畏惧，"数路齐捣，旬日毕事耳"（《清太宗实录》卷四），根本无须大费周章。而久经战场的杨镐方面清楚地知道天气因素会给作战带来什么样的不利影响，尤其是深入到对手所控制的范围中去；再加上粮草迟迟未与送到，更是无法出兵。

明军方面的文武双方各执一词，却没有想到正是因此而把出兵时间泄露给了努尔哈赤。努尔哈赤又让治下的汉族人充当间谍，深入明军腹地,把杨镐方面的作战意图、进军路线、兵力部署等侦察得清清楚楚。如此一来,战端未开,明军就已失胜算,陷入被动局面。

再加上明军四路大军的将领之间早有罅隙,作为最高统帅的杨镐也无力约束,兼之明军战线铺开足有六百里之广,相互之间信息沟通不便,这对于分路配合作战来说是最为不利的因素。这一点,正是范文程提出"凭尔几路来,我只一路去"的信心。

努尔哈赤毫不犹豫地认可了这个作战方针,他称:"明使我先见南路有兵者,诱我兵而南也,其由抚顺所西来者,必大兵也,急宜拒战,破此则他路兵不足患矣。"

明军西南路军由李成梁之子李如柏率领,努尔哈赤仅用500人便抵挡住了来自西南方向的佯攻;西路军则由杜松率队,计4.5万(另一说为3万)士兵,正面遇到努尔哈赤的主力部队,顷刻之间便灰飞烟灭,杜松中箭身亡。

西路军覆灭后,努尔哈赤率主力北上,在萨尔浒山(今辽宁抚顺东)直接面对马林的北路军,又形成了一场单方面的屠杀,马林侥幸逃脱。

而此时的东南路军统帅刘𬘓尚且不知道其他两路军均已战败,仍旧按原计划继续北上,恰恰陷入了后金军的包围圈。激战之后,刘𬘓命丧辽东。

李如柏方面被后金五百兵马阻拦在虎栏关(鸦鹘关东)之后,始终按兵不动。杨镐得知杜、马两路兵马相继惨败,急命李如柏、刘𬘓军后撤,而刘𬘓尚未接到命令便已全军覆没,李如柏只得匆忙回撤。得知李部撤退的消息之后,努尔哈赤仅用了20名哨骑便将李如柏军搅得大乱，明军自相践踏，伤亡惨重。

此次大战自三月二日正式打响，三月五日宣告结束。不到5天的时间里，明军方面45800多名士卒战死，刘铤、杜松等300多名文武官吏魂归西天，马、骡等牲畜损失近3万匹；而后金军，仅付出了2000多人伤亡的代价。

萨尔浒之战对于作战双方来说都有着极其深远的影响。

明军方面，杜松与刘铤战死沙场，仅仅过了3个月，侥幸从萨尔浒战场上逃生的马林也死在了同样是与后金军交战的开原之战中，四位明军主将已去其三，仅剩下李如柏因为始终没有与后金军正面交锋而留得一条性命。然而战火没有烧掉李如柏，朝中政局却让他魂归西天。

萨尔浒之战结束后不久，监察官便对李如柏提出纠劾。原因是李如柏的父亲李成梁曾经把年幼的努尔哈赤收归帐中，厚待于他，甚至还有收其为义子的传言。所以努尔哈赤跟李如柏"有香火情"，否则"何以三路之兵俱败？何以如柏独全"？奏折之中已明显地透露出对李成柏通敌的怀疑态度。不过当时的万历皇帝对此不置可否，此事暂且风平浪静。然而过了一年半之后，辽东地区的局势更加紧张，这件事又被某些别有用心之人重提，重压之下，李如柏为表心意，自尽明志。四大军事将领的相继离世，对于本已风雨飘摇的明朝武装力量来说，无异于雪上加霜。

作为萨尔浒之战明军方面的最高统帅，辽东经略杨镐自然难辞其咎。杨镐在兵败之后引咎辞职，当时的朝廷还算是网开一面，让他"姑令策励供职，极力整顿以图再举"。然而没过多久，辽东的开原和铁岭又相继沦陷，杨镐最终被定罪入狱，崇祯二年（1629

年）病死狱中。

兵败萨尔浒的消息传到京师之后，北京城的米价顿时暴涨。人们认为后金军即将打出山海关，进而围困北京城，从而开始纷纷囤积大米，以备不急之需，这就进一步破坏了明朝的财政。

从根本原因上来看，火器、兵力占优的明军之所以败在了一个本以游牧为生的政权手中，实质上是因为其官僚机构之腐败已经到了无可挽回的地步。这种腐败早已有之，只不过是萨尔浒将之彻底地暴露出来罢了。

萨尔浒之战对交战双方来说都极为关键。此战之后，明朝的实力大为衰弱，再也无力阻止后金政权的进一步发展，被迫由主动进攻转入被动防御。而明朝的对手——努尔哈赤的后金政权，则因此而实力倍增，随之而来的，是努尔哈赤政治野心的大幅度膨胀。下一步，努尔哈赤的目光投向了另一处战略要地——辽阳。

从后金天命六年，明天启元年（1621年）二月二十一日起，至三月二十一日傍晚，短短一个月间，沈阳、辽阳相继沦陷。见大势已去，袁应泰在最后时刻于辽阳城东北角正元楼上自焚殉国。京师北方的最后一块屏障就此灰飞烟灭。

拿下沈、辽之后，努尔哈赤当即下了迁都辽阳的决定。

辽阳城地处辽东半岛中部，是一座拥有2000多年历史的军事重镇。南方群山将之环绕其中，太河诸水域自城中贯穿而过，依山贯水，乃天然之要塞、兵家必争之地。秦汉以来，历代王朝均在此处设立郡制予以管辖；到了辽金两代王朝，更曾将国都设立于此；到了元朝，设置辽阳行中书省，明朝时期则在这里设立了辽东都指挥使司。

辽阳所处的地理环境占据了很大的优势，再加上历代王朝的倾力打造，使得此处人丁兴旺，贸易兴盛，成为在明朝统治时期辽东地区的政治、经济、文化中心。熊廷弼驻扎在辽阳的时期，在城边挖了数层城壕，各种火器沿壕边而列，四面城墙分兵把守。

同时，辽阳还是明朝与朝鲜和蒙古接壤的要冲地带。一旦为后金军所占据，就可以形成挟朝鲜、扼蒙古，与明朝分庭抗礼之局面。

因此努尔哈赤在攻占下辽阳之后大喜过望，连称"天既眷我，授以辽阳"。

喜悦之后，摆在努尔哈赤面前的是对迁都辽阳问题的考虑。他特意为此召集了贝勒诸臣会议，征求他们的意见："辽阳乃天赐我者，可迁居于此耶，抑仍还本国耶？"诸王臣俱以还国对。帝曰："若我兵还，辽阳必复固守，凡城堡之民，逃散于山谷者，俱遗之矣。弃所得之疆土而还国，必复烦征讨。且此处乃大明、朝鲜、蒙古三国之中，要地也，可居天与之地。"诸王臣对曰："此言诚然。"（清·鄂尔泰·《清太祖武皇帝实录》）

可以看出，女真人的贵族们最初并不愿意放弃旧都赫图阿拉，因为他们习惯于旧有的游牧习俗，作战对他们来说，不过是一种掠夺财富的手段罢了。但是，当努尔哈赤将自己的意图阐述明白之后，王公贝勒们方才认识到迁都的好处，点头应允。

后金天命六年、明天启元年四月初，即辽阳城被攻克之后不久，后金自赫图阿拉迁都至辽阳。从此之后，京师丧失了北方最后一块屏障，完全暴露在努尔哈赤的铁骑面前，明王朝的安全受到了严重的威胁。迁都辽阳，后金的政权中心进一步逼近明王朝，成为一股可以动摇明朝统治的强大力量。

恩威并济，化敌为友

沈辽之战的结局让明朝廷一片哗然。本以为铜墙铁壁般的沈辽二城能抵挡住女真人的疯狂攻势，但没料到袁应泰的心慈手软让熊廷弼的一番辛苦尽皆付诸东流。辽东巡抚王化贞上奏称："辽沈既陷，河（辽河）西汹汹，一无可恃。"一针见血地指出了沈辽之败对明王朝的不利影响。

虽说刚刚继位不久的天启皇帝朱由校"好亲斧锯椎凿髹漆之事，积岁不倦"，但也不会将自己的国家视作敝屣。袁应泰兵败自焚后，朝中阁臣刘一燝高呼："使廷弼在辽，当不至此。"朱由校深以为然，下诏重新启用熊廷弼为辽东经略，再赐尚方宝剑，副总兵以下可先斩后奏。

熊廷弼离京赴任之日，天启帝朱由校于城外设宴送行，京中所有要员奉命陪宴，又赐一品官服，极尽宠信之能事。可见明廷在熊廷弼身上寄予了厚望。

熊廷弼复职之后，经过一番调查，掌握了一系列关于后金军缺少水师、后方不稳、兵力不足、不善于攻坚战的情况，于天启元年

（1621年）六月，有针对性地向朝廷提出："广宁（今辽宁北镇）用马步列垒河上，以形势格之，缀敌全力；天津、登、莱各置舟师，乘虚而入南卫，动摇其人心，敌必内顾，而辽阳可复。于是登、莱议设巡抚如天津，以陶朗先为之；而山海特设经略，节制三方，一事权。"

八月，他又再次建言："三方建置，须联络朝鲜。请亟发敕使往劳彼国君臣，俾尽发八道之师，连营江上，助我声势。又发诏书悯恤辽人之避难彼国者，招集团练，别为一军，与朝鲜军合势。而我使臣即权驻义州，控制联络，俾与登、莱声息相通，于事有济。更宜发银六万两，分犒朝鲜及辽人，而臣给与空名札付百道，俾承制拜除。其东山矿徒能结聚千人者，即署都司；五百人者，署守备。将一呼立应，而一二万劲兵可立致也。"（《明史·熊廷弼传》）

朱由检大喜，当下应允，同时命王化贞为广宁巡抚，辅佐熊廷弼。

明朝这边在战败后重启旧将，再造新的防御体系，意图东山再起；努尔哈赤的后金政权自然也不会坐以待毙，自迁都辽阳之后，便开始了下一步的作战准备。

由于辽阳是明、朝鲜和蒙古的接壤之地，所以迁都辽阳后，为孤立明朝，努尔哈赤对朝鲜和蒙古采取了恩威并用的策略。

天命六年（1621年）三月，刚一攻下辽阳，努尔哈赤就致书朝鲜国王："满洲国汗致书于朝鲜国王，如仍助大明则已，不然有辽人济江而窜者，可尽反之。今辽东官民已削发归降，其降官俱复原职，汝若纳我已附之辽民而不还，异日勿我怨矣。"同时，致书蒙古喀尔喀五部贝勒，表达了欲与蒙古喀尔喀五部结盟的意愿。七月,努尔哈赤再致朝鲜国王书,此次的语气却没有那番友好,而是充满了威胁。一直依附于明朝的朝鲜与蒙古,对刚占领辽阳的后金政权抱有敌意。努尔哈赤在书信中晓之以理,诉之以害,动之以情,缓和了朝鲜和蒙古对后金的敌对态度。

朝鲜和蒙古通过萨尔浒之战、辽沈大战也认识到后金之强大对自身的威慑力,所以对后金采取了积极的友好态度:朝鲜王派郑判事官等向努尔哈赤进贡银、锦绸、纸、高丽夏布等。努尔哈赤对朝鲜使者则优礼有加,命武尔古岱额附、抚西额附、石岛里额附三个女婿,以及巴笃礼总兵官、额尔德尼巴克什等大臣迎接郑判事官。

这一时期努尔哈赤在与蒙古和朝鲜往来过程中虽然没有形成反明的统一战线,但至少是达到了使朝鲜和蒙古不与之为敌的目的。

十一月,努尔哈赤的努力收到了成效:"蒙古喀尔喀部内古里布什台吉、蟒古儿台吉,率民六百四十五户并牲畜叛来。帝升殿,二台吉拜见毕,设大宴,各赐貂裘三领,猞狸狲裘二领,虎裘二领,貉裘二领,狐裘一领,厢边貂裘五领,厢边獭裘二领,厢边青鼠裘三领,蟒衣九件,蟒缎六匹,绸缎三十五匹,布五百匹,金十两,银五百两,雕鞍一副,鲨鱼皮鞍七副,金撒袋一副,又撒袋八副,弓矢俱全,盔甲十副,奴仆牛马房田,凡应用之物皆备。以聪古兔公主妻古里布什,赐名青着里革兔,拨满洲一牛禄三百人,并蒙古一牛禄,共二牛禄,升为总兵。其蟒古儿,以宗弟吉白里杜吉胡女妻之,亦升为总兵。"(清·鄂尔泰·《清太祖武皇帝实录》)

得到如此强援,努尔哈赤便可以用主要精力对付明朝了。

外患的解决并不能保证国家政权的稳定,要想从根本上统治好一个国家,内政问题尤为主要,其中,律法是一个关键点。天命六年（1621年）四月，努尔哈赤借鉴明朝的律法规定，下诏将明朝所制定施行的《大明律》删减简化，用以约束后金。此举不仅在对辽沈地区汉、满族人民的统治有利，对后金社会在某种程度上的进步也起到了促进作用。与此同时，努尔哈赤又效仿明朝办起官学，希望以此提高女真人的文化素质，这对满族社会的发展来说，明显有深刻的意义。

同年七月，努尔哈赤开始了计丁授田的改革措施。"计丁授田"是努尔哈赤以明朝的辽东军屯制度为基础，再与后金自有的牛录屯田相结合而制定的。该措施把海州、辽阳一带总共三十万日（一日合五亩）的土地分配给女真和汉族人耕种。每个男性给六日田，并规定，其中的五日用来种粮，剩下的那一日用来种棉花，很明显就是在准备战略物资。纳赋的方法是每三个人耕官田一日，以所收获的农作物充当税收；每二十个人中抽取一人当兵，再抽取一人服役。从土地所有制、生产关系和分配形式来看，"计丁授田"已经出现封建经济体系的某些特征，这也意味着后金政权原有的奴隶制开始转变为封建制度。

向封建制度的转型改变不了一个很重要的问题，那就是辽东地区的女真人和汉族人之间的矛盾。迁都之后，女真族与汉族人之间的矛盾更加尖锐，汉族人民的反抗斗争也变得更加激烈起来。这个问题不解决，对于后金政权来说是个巨大的隐患。因此，努尔哈赤刚刚迁都辽阳，便采取了对汉族人安抚为主、镇压为辅的策略。仅在一年之中，有史可查的重大安抚措施多达8项。这些政策对巩固后金政权、笼络汉族官民、瓦解明朝在辽东地区的统治有着重大意义。

八月，努尔哈赤从军事角度考虑，决定在辽阳城太子河边修筑一座辽阳新城。他认为，辽阳旧城经历过战火已经颓废不堪，并且列强环侧左右，势必要重兵把守。如此一来，大后方的安全就无法保证。如果建一个稍小一些、坚壁清野的新城，可以集中兵力把守，无须再担忧后方的安全。没有了后顾之忧，便可以放心大胆地对明朝动兵。

建成之后的新城"在太子河东离辽阳城八里。周围六十里零十步，高三丈五尺东西广二百二十丈南北袤二百六十二丈五尺。城门八：东门二，一曰抚近，一曰内治；西门二，一曰怀远，一曰外攘；南门二，一曰德胜，一曰天；北门二，一曰福胜，一曰地载。号曰东京"（《辽阳州志》）。

从辽阳新城建设的地理位置、城郭规模中可以看出，努尔哈赤要一改过去那种打突击战的传统战略。在他的计划中，他需要为后金大军继续前进、夺取明朝江山建立一块稳固的后方基地。

广宁之战尽取辽西

努尔哈赤攻取沈阳、辽阳之后，下一个目标便是广宁。

如果说辽阳是辽东的政治、经济、文化、商业中心，那么辽东的军事中心则在广宁。辽东总兵府便设在这里，而辽阳仅仅是副总兵府。因此，广宁是明朝在东北地区最高的军事机关驻地，是控制蒙古弹压女真的军事重镇。沈辽丧失之后，明朝仅剩此地可以用来与后金相抗。可以说，如果明朝失去了广宁，那么就等于彻底失去了在辽东、辽西地区的控制权。

更为不利的是，虽然颇有外交能力的王化贞替明朝暂时缓解了来自蒙古方面的压力，但广宁一旦失守，那蒙古方面将有很大的可能会与后金政权完全联合起来，要知道，当时的喀尔喀部已经表现出了与努尔哈赤结盟的意思，这对明朝来说是个极为不利的消息。因此，无论是对明朝来说，还是对后金而言，广宁都是一个极为重要的阵地。

当时驻守广宁的辽东经略熊廷弼和辽东巡抚王化贞之间却毫无默契可言。王化贞的目标是攻，声称要"一举荡平辽东"。他上任巡抚之后不久，便派干将毛文龙率200人走海路到达镇江（今辽宁丹东）沿海岛屿，开辟敌后战场。

明朝时期的镇江，是中朝边境、鸭绿江边一个举足轻重的军事要塞，是与朝鲜取得直接联系的一个要冲之地。可以说，谁占据了这块土地，谁就能得到来自朝鲜半岛上的承认，并取得其支援。天启元年七月二十五日，毛文龙通过侦查得知，此时属于后金政权的镇江城兵力空虚，几乎是一座不设防的要塞，便与生员王一宁计划突袭。

毛文龙事先收买了后金驻扎在镇江的中军陈良策，让他做明军的内应，自己则亲自率领220余人夜袭镇江城。此役，镇江游击佟养真及其子佟松年等60多人束手就擒，镇江城再属明廷。一时之间，全辽震动，镇江城周边的宽甸、汤站、险山等城堡守军相继向毛文龙归降，"数百里之内，望风归附"，"归顺之民，绳绳而来"。

此役在史学界被称为镇江大捷。镇江的收复对一直坚持抵抗后金的辽东汉民是个巨大的鼓舞。随之响应的还有汤站（今凤城县南30公里汤山公社所在地的汤山城子）、险山（今辽宁省丹东市凤城县东南大堡公社土城子大队所在地）、宽甸（今辽宁省宽甸县）等地，一时之间，反抗后金政权的星星之火燃遍了辽南各地。

镇江的大捷，让王化贞志得意满，他以为在自己出兵辽东之时，便可与辽东后方的毛文龙前后夹击，打后金一个措手不及。为了确保对后金作战的胜利，他又计划秘密策反已经降了努尔哈赤的李永芳，希望以里应外合之势让后金防不胜防。再加上经过王化贞的一番努力，察哈尔蒙古等部答应出兵40万以协助明军的军事行动，更算是锦上添花。

可以说，王化贞的这番部属是周密而详细的，所以他也就信心百倍地上书朝廷，称："愿请兵六万，一举荡平，臣不敢贪天功，但厚赉从征将士，辽民免赋十年，海内得免加派，臣愿足矣。即有不称，亦必杀伤相当，敌不复振，保不为河西忧。而臣将归老林泉，臣愿足矣。"

接着他又承诺道："仲秋之月可高枕而听捷音。"（《明史·王化贞传》）

然而长时间与后金打交道的熊廷弼却深知努尔哈赤的厉害。他依然坚持"三方建置"的既定方针，以积极防御为主，调动各方面大军，对后金政权实行三面合围，继而攻之，必会大获全胜。一旦此措施得以施行，那么努尔哈赤肯定不敢对广宁动兵，否则的话，他将受到来自海上的威胁。

然而朝廷却没有采纳熊廷弼的建议。首先，王化贞为朝廷画的这张大饼看起来是那么的可口，而熊廷弼的计划却无疑是慢工出细活，时间成本上让收复失地心切的朝廷难以承受，更不用说已经处于崩溃边缘的经济成本了。

其次，王化贞原是东林党人，善于结交政要，在朝中人缘颇好，现在又在极力巴结魏忠贤，有投靠阉党的倾向。而天启初年，正是这两个派别在左右政局。熊廷弼则是楚党之人，在天启初年早已没有多少政治地位可言，再加上此人生性暴躁，即使经历过一次罢官风波，也没改掉秉性，与朝中官员势如水火，也就没有够硬的后台做朝内支撑，自然无法让自己的策略付诸实践。

王化贞的"急"和熊廷弼的"稳"形成了尖锐的矛盾。将帅不合历来是兵家之大忌，而这一点，也被休养生息十个月之久的努尔哈赤敏锐地觉察到了。

天命七年（1622年）正月十八，正是北国千里冰封的时候。努尔哈赤利用辽河水结冰、人马易渡的时机，率八九万大军向广宁发起了进攻。

此时王化贞的"周密"部署完全破灭：后金后方的镇江已经得而复失，毛文龙逃往朝鲜，腹背夹攻的可能性化为乌有；察哈尔部答应的40万大军仅仅来了1万，以多压少的希望破灭（此时的明军仅有10万人）；对李永芳的策反不仅没有成功，反而让自己的爱将、抵挡后金铁骑的先锋孙得功被李永芳策反，里应外合的愿望没有实现，自己却被从内部突破了。

如此一来，明军惨败，王化贞弃城而逃，与闻讯自山海关率兵赶来的熊廷弼在大凌河（今辽宁锦县）相遇。王化贞放声大哭，而熊廷弼却挖苦道："六万众，一举荡平竟何如？"王化贞无言以对。

见到大势已去，熊廷弼也无起死回生之能，只得掩护自广宁逃出来的军民退回山海关。

王化贞弃广宁而逃，被策反的孙得功占据广宁城，出城三里跪迎努尔哈赤。一时之间，努尔哈赤还以为明军有诈，因为广宁城到手得太容易了。

努尔哈赤将辽阳城的大福晋阿巴亥、众妃子以及众贝勒的福晋们等一干家眷接到广宁，统兵大臣等出城叩见。红毡一路铺到了衙门之外。巳时，"大福晋率众福晋叩见汗，曰：'汗蒙天眷，乃得广宁城。'众贝勒之妻在殿外三叩首而退。嗣后，以迎福晋之礼设大筵宴之。"（清·鄂尔泰·《清太祖武皇帝实录》）攻克广宁的欢庆气氛因这些女人的到来而达到了高潮。

紧接着，后金军又连取被明军所弃的义州（今辽宁义县）等40多座城堡。辽西之地尽入努尔哈赤之手。

由于广宁战败，王化贞被论罪入狱，熊廷弼被革职还乡。然而熊廷弼认为自己在广宁之败中并不存在过错，故意上书请罪，希望以此来让小皇帝重新任用自己，并采纳自己所提出的攻取辽东之建议。但他没想到的是，这正给了一向与熊廷弼不合的阉党以口实。他们以熊廷弼援救来迟为由，并罗织罪名，将熊廷弼与王化贞同罪下狱。

在魏忠贤的指示下，御史梁梦环弹劾熊廷弼贪污饷银17万，御史刘徽则称说熊廷弼家资百万。但直到抄家之后才发现，熊家的全部家底也不足17万。无奈之下，抄查者连熊廷弼的姻亲家一并抄了，但也没能凑齐百万之数。最后，"江夏知县王尔玉责廷弼子兆珪索珍玩，不获，将挞之。其长子兆珪自刭死，兆珪母称冤。尔玉去其两婢衣，挞之四十。远近莫不嗟愤"。熊廷弼最终在王化贞之前被处死。崇祯二年（1629年），崇祯帝朱由检为其沉冤昭雪。

广宁之战，让努尔哈赤尽得辽西之地；熊廷弼冤死，又为努尔哈赤去除了心腹之患。后金政权的兵锋直指大明王朝的最后一处屏障——山海关，但此时的努尔哈赤却停住了前进的脚步。

半路杀出个程咬金

明天启二年，后金天命七年（1622年），山海关，一人，一马，单骑驰骋。

京师兵部此时却乱作了一团——兵部职方主事失踪了，兵部里外、京师城内找了个遍也没找到这位主事的人影，连他的家人也不知道他去了哪里。

这件事对一个帝国来说其实算不上什么，一个兵部职方主事不过是六品官，在兵部属于末等，按理说掀不起太大的波澜。但这位却非同小可，他乃是天启皇帝亲自破格从福建邵武（今福建省邵武市）知县提拔起来的京官。此人便是努尔哈赤一生之中最强大的对手——袁崇焕。

袁崇焕刚上任邵武知县不久，便在天启二年入京，接受朝廷的考核。他一边在尽着知县的责任，一边惦记着辽东的局势。"为闽中县令，分校闱中，日呼一老兵习辽事者，与之谈兵，绝不阅卷。"（明·夏允彝·《幸存录》）入京述职之际，他便借着地利之便，视察边塞，深入了解局势。

此时的辽东局势对大明王朝来说绝不容乐观，熊廷弼入狱之后，继任辽东经略的王在晋分析说："东事离披，一坏于清（河）、抚（顺），再坏于开（原）、铁（岭），三坏于辽（阳）、沈（阳），四坏于广宁。初坏为危局，再坏为败局，三坏为残局，至于四坏——捐弃全辽，则无局之可布矣！逐步退缩之于山海，此后再无一步可退。"

而自努尔哈赤向明朝开战以来，驻守辽东的总兵以上将领阵亡或被处决的一共有 14 位之多。一时之间，辽东成了京官的禁地，谁也不敢接过这个烫手的山芋。

"时广宁失守，王化贞与熊廷弼逃归，画山海关为守。京师各官，言及辽事，皆缩朒不敢任。崇焕独攘臂请行。"（明·张岱·《石匮书后集》）

正是袁崇焕这个"攘臂请行"的举动，让朝中有识之士对其青眼有加。广宁失陷后的第四天，御史侯恂便上奏朝廷："见在朝觐邵武县知县袁崇焕，英风伟略，不妨破格留用。"(《明熹宗实录》)曾经因为广宁失守而抓住内阁首辅叶向高"衣袂而泣"的天启帝欣然允诺，授袁崇焕为兵部职方司主事，旋升为山东按察司佥事、山海监军。紧接着，袁主事便独自一人赶往山海关前线。

袁崇焕一人独骑返回京师后，将所视察的情况上报与朝廷，并称："予我军马钱谷，我一人足守此！"

袁崇焕的这句话让天启帝及朝中群臣大加赞赏，相对于王在晋的治辽策略来说，袁崇焕的话更易被朝廷所接受。王在晋被迫就任辽东经略时，提出的是"拒后金抚蒙古，堵隘守关"之策，也就是说要用大量的金钱去贿赂蒙古部族，希望借其力以抵抗后金。堵隘则是要在山海关外再建一道关城，称为重关，用来保护山海关。

王在晋的这个策略虽然在当时被朝廷采纳了，但压根行不通。首先，国家的财力已经无法支付如此庞大的费用；其次，蒙古对明朝阳奉阴违，时战时和，根本无法做奢望；第三，修筑重关固然起到了防御性的作用，但也意味着彻底放弃了关外，这并不是明朝廷想要的结果，而只是王在晋想要自己驻守的山海关更安全些罢了。

王在晋的建议提出后，朝中是非莫定，争论不休。兵部尚书兼东阁大学士孙承宗亲赴山海关考察，回京之后，当即劝谏皇上革去王在晋辽东经略之职。

天启帝虽然采纳了孙承宗的建议，但对辽东经略职位的空缺却毫无办法。这是一块烫手的山芋：熊廷弼之后的兵部尚书张鹤鸣诈病辞职，谢经邦拒绝受命，王在晋也是在群臣的举荐以及天启帝的威胁之下被逼上梁山的，朝中实在是无人敢赴山海关。好在孙承宗毛遂自荐，天启帝欣然允许。

孙承宗上任后，便重用袁崇焕，构筑宁锦防线。

袁崇焕提出的守备方略和承诺，天启帝大加赞赏，遂再升其为山东按察司佥事、山海关监军。

袁崇焕上任之前，特意来到关押熊廷弼的监牢中。"廷弼问：'操何策以往？'曰：'主守而后战。'廷弼跃然喜。"

"主守而后战"，正是袁崇焕所作的抗金策略。其后，他在《辽事治标治本疏》中又做了进一步的阐述："彼之远来，利速战，能战之兵，又利得战。臣只一味死守，令至无得而与我战，便自困之，唯困之乃得而与图之……盖日计不足，月计有余；月计不足，岁计有余。战则不足，守则有余；夺既有余，战无不足。不必侈言恢复，而辽无不复；不必急言平敌，而敌无不平，即以下手之日为结局之日可也。"

袁崇焕的认识和孙承宗的主张不谋而合，孙承宗在就任之后，提出要守住山海关，应当先守住关外，这就要求要在山海关的前沿——宁远（今辽宁兴城）固守。孙、袁二人意见一致，山海关三军用命，很快便修建起一座新的宁远城，成为关外的又一大重镇。

这样，一条以宁远、锦州为核心的"宁锦防线"，在孙、袁二人的努力下初步建立起来。加上努尔哈赤在攻破广宁之后，因为兵力不足的原因而没有驻守辽西地区，就连广宁城也毁弃，整个辽西的局势开始稳定。逃难的百姓陆续重返故园，一度荒芜的辽西又重新恢复了生机。

孙、袁二人在山海关处大兴防御措施，让努尔哈赤不敢轻举妄动，同时，努尔哈赤所施行的一系列政策的副作用开始显现出来，后金政权的统治出现了危机。

努尔哈赤迁都辽阳之后所做的"计丁受田"改革，从表面上看是奴隶社会向封建社会的一种转变，但其中有一个重要的部分就是圈地。

"（天命六年七月）十四日，一行将前往分田，故先期告谕各村曰：在海州地方取田十万日，在辽东地方取田二十万日，共取田三十万日，给我驻扎此地之兵马。"这道命令的初衷是用来安置从浑河上游、苏子河流域迁至辽东的满族八旗贵族、勋臣、兵丁及家属，但这就需要占用原来居住在辽东地区和海州等地区的汉族百姓30万日的土地。

从本质上来说，"计丁授田"的目的在于保持女真八旗在政治、经济、军事上的优势，同时，将被占领地区的土地赐予八旗所有，也是为了激励女真人的战斗热情，维持战斗力，作为胜利者、统治者的后金政权，有理由在自己的土地上继续实行奴隶制的生产方式。只有被八旗圈完后剩下的土地，才会重新分配给原来居住于此的汉族百姓。

土地是有限的。满足了八旗对土地的占有，就无法让世代居住在这里的汉族百姓拥有足够的土地，汉民从努尔哈赤手中得到的，只不过是八旗剩下的残羹冷炙。

在赋税方面，努尔哈赤所实施的每三丁种官田一日的劳役地租，每二十丁一丁当兵、一丁应役的耕战合一的做法，对他本人来说是一个从奴隶制统治理念到封建制统治理念的一个飞跃，但本质上却只能说是一个还没有完全摆脱农奴制度的封建社会初级阶段。这对于被占领区的、已经经历了千余年封建制度的汉民来说，是无法包容的历史倒退，汉民的反抗也就成为了大势所趋。逃亡、偷袭、暴动、暗杀、投毒……为了自身的利益，汉民们用各种手段反抗后金的统治。

面对反抗，努尔哈赤别无良策。作为女真人的天可汗，他必须要首先照顾到八旗贵族的利益，而这样一来，又无法兼顾汉民的利益。努尔哈赤找不出一个折中的办法来消除这个社会转型时期的阵痛，只能采用粗暴而又简单的手段。后金天命七年（1622年）三月，努尔哈赤下达了一道"光棍盗贼尚无畏惧"的旨意，命令从此以后，绝对不允许女真人和汉族人有任何私下接触，更不能成为朋友；并且规定，女真人出门的时候，"务以十人结队而行。如此则光棍盗贼不敢起杀人之念矣。若结伙不足十人，而九人同行，见者即拿之,罚银九钱,八人者罚银八钱,七人者罚银七钱,一人者罚银五钱"。

同年六月十五日,努尔哈赤再次下令:"凡诸申(指女真人)汉族人开设店肆之人,务将肆主姓名刻于石上或木上,立于肆前。若不书明肆主之姓名,则罪之。无店肆携物售卖之人,概行禁止。该无店肆携物售卖之人,以为不被查获,而多用药鸩人也。尤应晓谕我诸申妇孺,凡购食之人,务记肆主姓名。若不记取,而中毒身死,虽有猜疑,更向谁言?"

努尔哈赤所采取的这些措施,进一步激化了女真人与汉族人之间的矛盾,汉民的反抗不仅没有如努尔哈赤之所愿而有所收敛,反而更加激烈起来。努尔哈赤必须拥有更多的土地,才能够解决这个问题。他再一次把目光投向了山海关。

努尔哈赤没有想到的是,他迎来的,将是自己一生之中唯一的一场败仗,也是一生中的最后一役。

努尔哈赤的最后一战

广宁之战后,后金的战线拉得过长,领地内矛盾纠纷不断,努尔哈赤无力维系后院的稳定,被迫做出了毁弃广宁、弃守辽西的决定。这就给了明廷以喘息之机。待到孙承受、袁崇焕固守宁远,后金政权感到了前所未有的压力,"公(孙承受)渐东,奴(努尔哈赤)惧,遂弃宫室而北徙于沈阳……自筑宫于瓮城,屡不就……"努尔哈赤弃守广宁的弊端显露出来了。

另外,迁都辽阳之后,女真人和汉族人之间的矛盾进一步尖锐化,努尔哈赤所采取的镇压手段只会激化矛盾。辽阳城已经是鸡犬不宁之地,丧失了一国之都的意义,努尔哈赤唯有再行迁都。

孙承宗毛遂自荐督师辽东的那一年,山海关马世龙等人频繁出巡被努尔哈赤攻取又弃守的广宁、三岔河一带地区。驻守在辽南的毛文龙,没有了山海关的后顾之忧,也活跃起来,对靠近三岔河一带的牛庄(今辽宁省牛庄镇)、跃州(今营口北牛庄附近)等为后金政权所据的各城不断进行骚扰。此外,麻羊岛守备张盘夜袭金州(今辽宁省大连市金州区),让女真人终日惶恐;复州(今辽宁省瓦

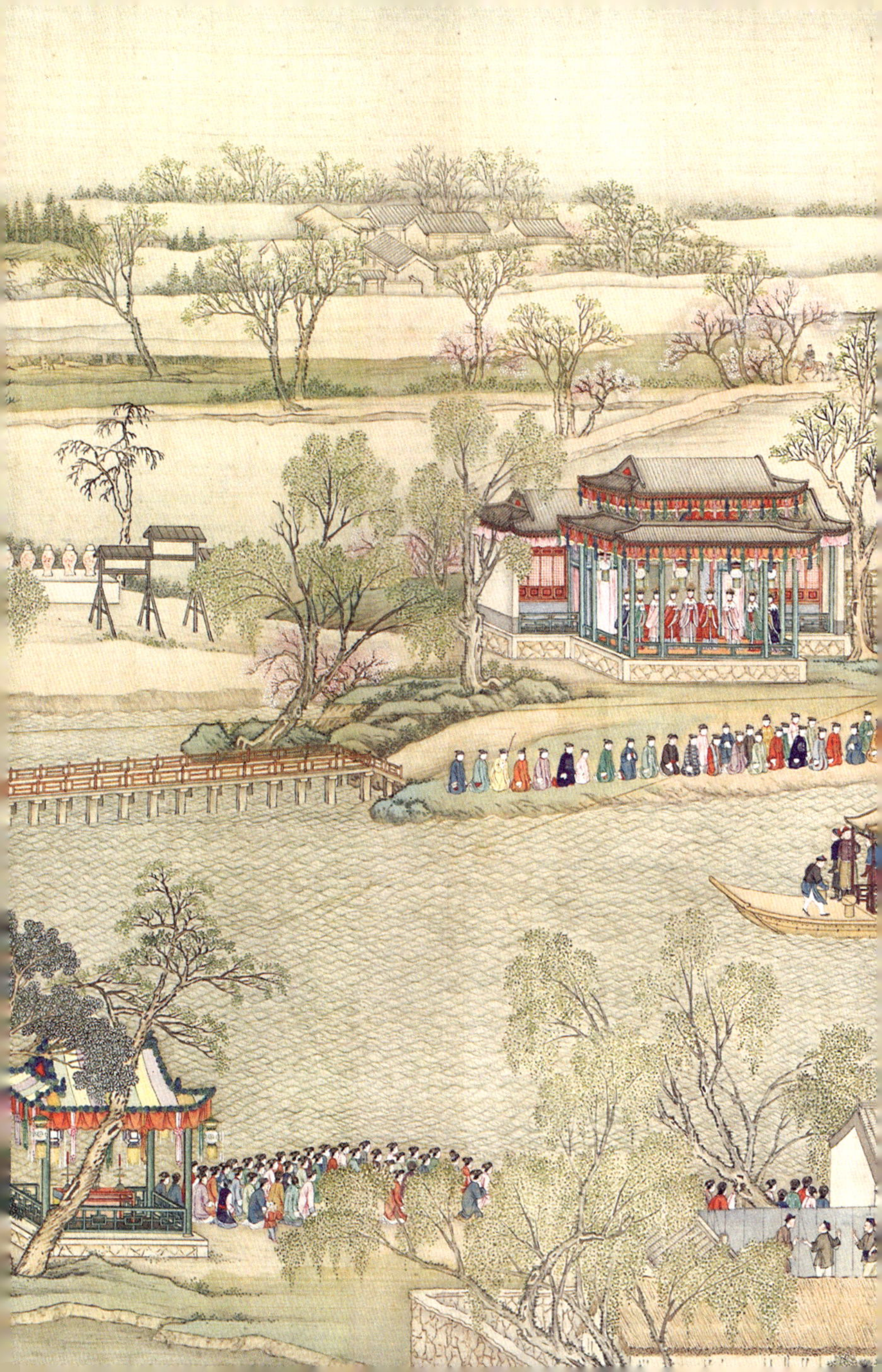

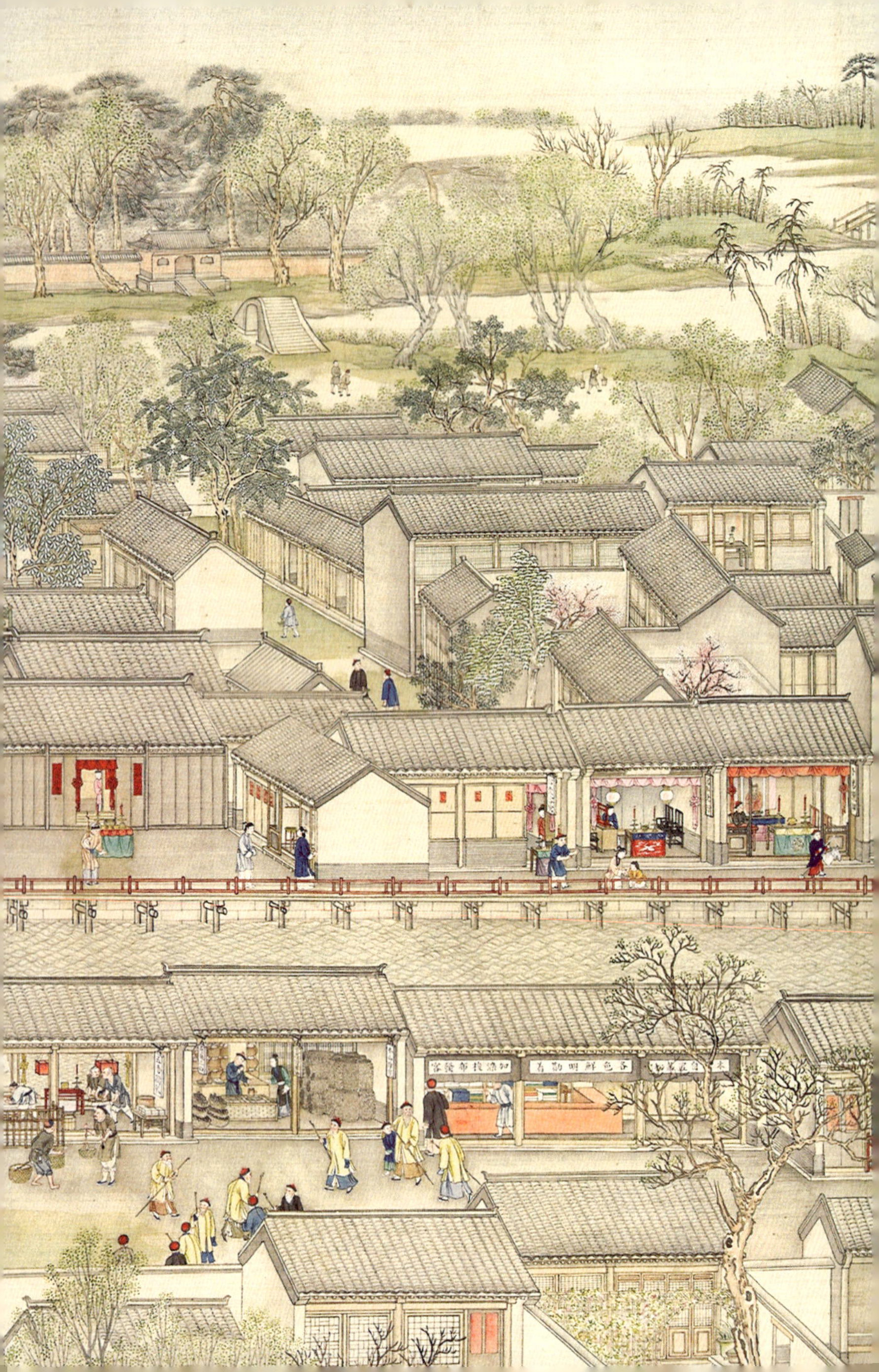

房店市西北复州）的后金总兵刘爱塔偷偷地向登莱（今山东省登州和莱州）地区运送军备物资，并且希望复州成为明军的内应，一旦明军向后金展开进攻，便与其里应外合等。毫无疑问，这些对后金政权的稳定都构成了极大的威胁。

除了来自明军方面的压力外，后金政权还面临着塞外蒙古各部的觊觎。这些不利之局逼迫努尔哈赤必须对他的战略防御问题进行重新考虑。因此，为了在战略上取得主动，他选择将后金的首府迁往沈阳，并改称沈阳为盛京。

虽然迁都盛京，但后金政权的稳定问题仍然无法解决，汉民与女真贵族之间的矛盾也不会因为迁都而化为乌有。努尔哈赤能做的，只能是迎着孙承宗和袁崇焕打造出来的铜墙铁壁进一步扩张领土。

恰在这时，明廷的党争给了他一个天赐良机。

孙承宗所经略的辽东，"在关四年，前后修复大城九、堡四十五，练兵十一万，立车营十二、水营五、火营二、前锋后劲营八，造甲胄、器械、弓矢、炮石、渠答、卤楯之具合数百万，拓地四百里，开屯五千顷，岁入十五万（石）"（《明史·孙承宗传》），逼得努尔哈赤不敢南侵；但他却没有抵挡住来自朝廷的攻击。

此时的明廷朝政大权已经完全旁落在了"九千岁"魏忠贤的手里，天启帝朱由校只知道在后宫当他的木匠，对朝政大事基本上是不闻不问，这更让阉党有恃无恐，大力排除异己。不幸的是，孙承宗正是阉党眼中的异己之一。

孙承宗经略辽东之后，一时间功高权重，誉满朝野。势力猖獗的魏忠贤和他的党羽自然不会错过这个值得利用的人，威逼利诱，魏忠贤动用了各种手段去拉拢这位封疆大吏。而孙承受对阉党深恶痛绝，对魏忠贤抛来的橄榄枝视而不见，这就让一向专横跋扈的魏阉对他怀恨在心。

明天启四年（1624年）十一月，孙承宗到蓟、昌西巡。此时恰临近十一月十四日——天启帝的生日，孙承宗便上书朝廷，希望入朝为皇帝庆贺万寿节，并打算借此机会当面向皇上汇报机宜。

把握朝政大权的魏忠贤在皇帝之前先得知了此消息，生怕孙承宗拥兵入京，做出对自己不利的事情来。于是"绕御床哭。帝亦为心动，令内阁拟旨。次辅顾秉谦奋笔曰：'无旨离信地，非祖宗法，违者不宥。'夜启禁门召兵部尚书入，令三道飞骑止之。（魏忠贤）又矫旨谕九门守阉，承宗若至齐化门，反接以入。承宗抵通州，闻命而返。忠贤遣人侦之，一仆被置舆中，后车鹿善继而已，意少解"。（《明史·孙承宗传》）

紧接着，魏忠贤和他的阉党党羽称孙承宗是"拥兵向阙，叛逆显然"，意图借此事来扳倒孙承宗，但天启帝不是不理朝政的万历帝，他心中还有点分寸，对魏忠贤的攻讦没予理会。

次年，太监刘应坤在魏忠贤的委派下前往山海关犒军，带去帑金十万两，然而孙承宗一点也没给魏忠贤面子，鄙视之意溢于言表。

同年八月，马世龙轻信自后金逃归的"降虏生员"（其实是后金方面的间谍）刘伯镪的话，派兵渡柳河，袭取耀州，结果掉进了努尔哈赤早已设好的圈套，惨败而归。

柳河之败正给了阉党挤垮孙承宗的口实，以马世龙损失670匹马、大量甲胄等军用物资为借口，向马世龙发起了围攻，其根本的目的还是要弄倒孙承宗：弹劾奏折雪片一样飞向天启帝的御案。阉党的无耻手段让孙承宗大为恼怒，连上两疏称病辞官。天启帝拗不过孙承宗，只得应允。

孙承宗罢官，辽东经略一职再度出现空缺，魏忠贤趁此机会将自己的同党高第推上了辽东经略的位置。胆怯无能、对军事又一窍不通的高第抵达山海关后，将孙承宗所做的军事防御部署全部推翻，将锦州、右屯、大凌河、宁前诸城守军，连同器械、枪炮、弹药、粮料等后勤物资一并移到关内，绵延四百里的关外土地尽皆放弃。

高第的胡乱部署让朝野上下响起一片反对之声，袁崇焕更是怒不可遏，他在给高第的揭言中说："兵法有进无退，锦、右一带，既安设兵将，藏卸粮料，部署厅官，安有不守而撤之？万万无是理。脱一动移，示敌以弱，非但东奴，即西虏亦轻中国。前柳河之失，皆缘若辈贪功，自为送死。乃因此而撤城堡、动居民，锦、右摇动，宁、前震惊，关门失障，非本道之所敢任者矣。"

然而袁崇焕仅仅是一个监军，无力改变身为兵部尚书、手持尚方宝剑的高第的决策，更何况高第背后还有把持朝政的阉党撑腰。袁崇焕只能眼睁睁地看着高第将锦州、右屯、大凌河及松山、杏山、塔山守具的屯兵屯民尽皆驱赶入关，10余万石粮谷被抛弃。这次不战而退，闹得军心不振，民怨沸腾，刚刚振奋起来的士气又再次陷入低谷之中。

得不到上司支持、朝中又没有后台的袁崇焕不甘心就此放弃辛辛苦苦打造出的防线，决意死守宁远。在关外城堡撤防、兵民入关的不利情势下，袁崇焕率领1万余名官兵孤守宁远，抵御后金。

明廷因为内斗而产生的自我消耗给努尔哈赤创造了再侵朱明的良机。后金天命十一年，明天启六年正月十四，努尔哈赤率领10万八旗大军西渡辽河，直取孤城宁远。

10万士气高昂的八旗大军，1万多被朝廷弃之不顾的明朝军队；一位是积蓄了数年力量、一生未逢一败的后金国主努尔哈赤，一位是孤立无援、从未参加过战争的山海关监军袁崇焕。双方就在这样的悬殊中，于正月二十三拉开了战幕。

然而让努尔哈赤没有想到的是，历时四天的大战，竟然以自己的惨败而告终。

宁远一役，是后金与明王朝自交战以来的第一次惨败，八旗军队的锐气遭到重创，自萨尔浒之战以来对明朝的连续攻势就此中断。对努尔哈赤来说，更是一个沉重的打击，"帝自二十五岁征伐以来，战无不胜，攻无不克，唯宁远一城不下，遂大怀愤恨而回"（清·鄂尔泰·《清太祖武皇帝实录》）。

鄂尔泰的记载只是说出了努尔哈赤心中的愤恨，却没有指出此役对努尔哈赤的更大影响，这个影响，成了一个千古之谜。

第三章

皇太极：聪明的"伐木人"

努尔哈赤神秘辞世，后金内部迷雾重重。皇太极脱颖而出，女真政权再起波澜。改革、汉化、剔除隐患，"伐木人"皇太极一步步打造着属于自己的时代，一步步进逼中原。但在明将袁崇焕精心打造的宁锦防线面前，皇太极依然铩羽而归，留下了又一段惆怅。

谁杀了努尔哈赤

后金天命十一年（1626年），盛京，天命汗努尔哈赤的葬礼。一位喇嘛、一位突如其来的吊唁者，引起后金国的一片混乱。这是奉袁崇焕之命而来的使者——谁也没有想到这个致天命汗于死地的仇人竟然派人来至灵前。是惺惺相惜还是另有他图？即使是努尔哈赤的继任者、在政治智商上更胜努尔哈赤一筹的皇太极，也看不出这个冤家的真实想法。

袁崇焕并没有与后金握手言和的打算，更不会与努尔哈赤有英雄相惜之意。之所以派使者前来吊唁，实际上是来探察一番努尔哈赤的死讯是真是假的，因为这关系到明军下一步的军事行动。

努尔哈赤确实是死了。

努尔哈赤的死因究竟是什么？史学界众说纷纭。大致上分为两种：一是正史的记载——即《清史稿》和《清太祖武皇帝实录》中所说的因病于天命十一年八月十一日驾崩于福陵隆恩门嫒鸡堡（今沈阳市于洪区翟家乡大挨金堡村），另一种说法则是丧命于宁远之战时明军的红衣大炮下。

> 七月二十三日，帝不豫，诣清河温泉沐养。（八月）十三日（应当是八月初七，原文如此）大渐，欲还京，遂乘舟顺代子河而下，遣人请后迎之，于浑河相遇。至瑷鸡堡，离沈阳四十里，八月十一日庚戌未时崩，在位十一年，寿六十八。
>
> ——清·鄂尔泰·《清太祖武皇帝实录》

鄂尔泰并没有明确指出努尔哈赤是患何病而死，在赵尔巽的《清史稿》中，也大同小异："秋七月，上不豫，幸清河汤泉。八月丙午，上大渐，乘舟回。庚戌，至爱鸡堡，上崩，入宫发丧。在位十一年，年六十有八。"同样没有指出努尔哈赤的死因，只是说"不豫"，颇有种神秘莫测的味道。结合后世对几位清朝帝王的临终记载来看，更使得努尔哈赤之死变得扑朔迷离。

正史上的记载总会有"为尊者讳"的顾虑，纂史者碍于身份又不能信口开河，大多数情况下只能三缄其口。因此便可从中看出，努尔哈赤之死，绝不仅仅是因病而死那么简单。因此便产生了另一种说法，即努尔哈赤死于袁崇焕之手。

宁远大战时，手中只有2万余人、一座孤城的袁崇焕之所以能够击溃13万人的后金军，除了用在战前所做的八条动员令来鼓舞士气外，更重要的是他所使用的11门红衣大炮（本为红夷大炮，从葡萄牙采购而来，因清朝以少数民族入主中原，忌讳"夷"字，故称红衣大炮）等火器给了毫无准备的后金军以沉重的打击。

袁崇焕所使用的红衣大炮为英国制造的早期加农炮，炮身长、管壁厚、射程远、威力大，对于击杀密集骑兵具有强大威力，是当时世界上最先进的火炮，也是后金军最大的克星。

据史料记载,"帝即令军中备攻具,于二十四日以战车覆城下进攻。时天寒地冻,凿城破坏而不堕。军士奋力攻打,宁远道袁宗焕、总兵满桂、参将祖大寿婴城固守,枪炮药罐雷石齐下,死战不退,满洲兵不能进,少却。次日复攻之,又不能克,乃收兵。二日攻城共折游击二员,备御二员,兵五百",可谓是伤亡惨重。

威力如此巨大的红衣大炮,让后金军付出惨重代价,那么,亲临城下督战的后金军统帅努尔哈赤,在此役中受没受到来自红衣大炮的威胁呢?这个问题在明朝的史籍中语焉不详,后金以及后来的清代官方资料里更是只字未有,而野史中却给出了一个答案:"炮过处,打死北骑无算;并及黄龙幕,伤一裨王。北骑谓出兵不利,以皮革裹尸,号哭奔去。"

红衣大炮打死敌人不计其数,还击中了"黄龙幕",伤一"裨王"。后金军出师不利,只得用皮革裹着尸体,伴随着一路号哭匆匆撤退。

无独有偶,在《明熹宗实录》中同样记载了类似的事件:明兵部尚书王永光在汇报宁远之战的战况时奏称,明军前后伤敌数千,内有头目数人,"酋子"一人。高第则奏报,后金军队攻城时,明朝军队曾炮毙一个"大头目",后金军用红布将这个人包裹起来抬走了,一边走一边放声大哭。

一个人的死能够让一支13万人的军队悲痛撤退的,还会有谁?恐怕只有努尔哈赤。

然而,在宁远之战后,史料记载,努尔哈赤还曾于"夏四月丙子,征喀尔喀五部,为其背盟也,杀其贝勒囊奴克,进略西拉木轮,获其牲畜"(民国·赵尔巽·《清史稿·太祖本纪》)。如果说努尔哈赤死于明军的炮火之下，那么这个人又是谁？或者说，这几处来自于明朝方面的记载，又有多少可信度？

如果说努尔哈赤真的死在了明军的炮火之下，那么，他不可能"死而复生"，在数月后又去攻打蒙古。其次，击毙努尔哈赤，对于明朝方面来说是一个重大胜利，无论是袁崇焕，还是朝廷上下、文武百官都将对此事书以浓墨重笔，以激励军民的士气。但是，无论是袁崇焕本人报告宁远大捷的奏折，还是朝廷表彰袁崇焕的圣旨，抑或朝臣祝贺袁崇焕宁远大捷的奏疏，对努尔哈赤被击毙之事都是只字不提。

因此，可以得出这样的一个结论，即使那个"酋子""大头目"确实是努尔哈赤，他也没有当场死去。

而是在回盛京途中伤重不治。

天命十一年八月十一日，努尔哈赤走完了他68年的不平凡人生。留给爱新觉罗家族和后金政权的，是一个足以与明廷相对抗的根基。努尔哈赤入主中原、跃马京师的宏图大愿，将留给他的子孙后代去实现。

伐木丁丁夺皇位

努尔哈赤一生共纳娶16个妻妾(《清史稿》中记载为14个，两位从殉的庶妃未被列入其中)，生下16个儿子，其中有能力继承汗位的有长子褚英、次子代善、五子莽古尔泰、八子皇太极、十四子多尔衮，另外，他的弟弟舒尔哈齐的两个儿子——阿敏和济尔哈朗也是人中之杰，颇有才干。由谁来继承汗位，努尔哈赤一直没有定论。直到其临终时，也"为国事、子孙，早有明训，临终遂不言及"(清·鄂尔泰·《清太祖武皇帝实录》)。

然而鄂尔泰所记载的这个"明训"，其实指的是天命十一年六月二十四日努尔哈赤对八旗贵族的一次训话，也可看作遗嘱的交代，关于身后之事，他只是说道："尔八固山(四大王四小王)继我之后，亦如是严法度，以效信赏必罚，使我不与国事，得坐观尔等作为，以舒其怀可也。"

可见，努尔哈赤并没有明确指出谁是汗位的继承人。

并不是努尔哈赤不去计划自己的身后事，而是实在不知道让谁来挑起后金这个重任才好。后金建国前，他曾想令长子褚英接班，后以忤逆罪将其囚于狱中,并处死;又有意让次子代善嗣位,但无果而终。直到天命六年正月十二日,努尔哈赤与代善、皇太极等儿子对天焚香发誓,让子孙互相辅佐,勿开杀戒;二月又令代善、阿敏、莽古尔泰、皇太极四大贝勒,"按月分直",此举也表现出一种信号——汗位的继承人,将在这四大贝勒中选出。

努尔哈赤的弟弟、阿敏的父亲舒尔哈齐在早年时曾想挑战努尔哈赤的权力,后被圈禁至死。阿敏期间也犯过大错,虽然因为军功卓绝而幸免一死,但汗位却是与他无关了。

三贝勒莽古尔泰为衮代所生,衮代原是努尔哈赤堂兄威准之妻,威准战死后,改嫁给努尔哈赤。天命五年三月,衮代获罪,在《清史稿》中只有一句含糊不清的话:"天命五年,妃得罪,死。"什么罪?不知道;怎么死的?也不知道。不过后来皇太极曾透露过:衮代被她的亲生儿子莽古尔泰亲手杀死。莽古尔泰弑母之事虽然赢得了努尔哈赤的信任,但名声毕竟不好,威望在兄弟和一干八旗贵族中急剧下降,可以说已经不再具备竞争汗位的实力。

除去已经退出汗位竞争的阿敏和莽古尔泰,在另外的两大贝勒中,最有希望继承汗位的要算大贝勒代善。代善自小追随在努尔哈赤身边,与努尔哈赤一同征战四方,逐渐成长为努尔哈赤帐下的一员猛将。在攻打海西女真的战斗中,代善立下大功,一举成名,紧接着又在对乌拉部和叶赫部的征战中立下无数战功。天命元年,备受努尔哈赤青睐的代善被封为贝勒,位居四大贝勒之首,他光辉的军旅生涯便由此展开。当努尔哈赤完成辽东的统一,开始对明朝施以进攻之时,代善以独当一面的统帅身份参加了几乎所有的战役。那场决定历史命运的萨尔浒之战,也留下了代善的足迹。

然而，代善却没能获得继承汗位的荣耀。

后金天命五年三月，努尔哈赤的小福晋德因泽向努尔哈赤告发代善与继母大福晋关系非同一般："大福晋曾二次备办饭食，送与大贝勒，大贝勒受而食之。又一次送饭食与四贝勒，四贝勒受而未食。且大福晋一日二三次差人至大贝勒家，如此往来，谅有同谋也！福晋自身深夜出院亦已二三次之多。"（后金·《满文老档》）

努尔哈赤听到这话之后，连忙派四大臣向代善和皇太极求证此事，调查的结果确实如此。

"对此汗曰：'我曾言待我死后，将我诸幼子及大福晋交由大阿哥抚养……故大福晋倾心于大贝勒，平白无故，一日遣人来往二三次矣！'每当诸贝勒大臣于汗屋聚筵会议时，大福晋即以金珠妆身献媚于大贝勒。诸贝勒大臣已知觉，皆欲报汗责之，又因惧怕大贝勒、大福晋，而弗敢上达。汗闻此言，不欲加罪于大贝勒，乃以大福晋穷藏绸缎、蟒缎、金银财物甚多为词，定其罪。"（后金·《满文老档》）

虽然代善被努尔哈赤所谅解，但此事对他的名声却是一个严重的打击。这毕竟是个难以启齿的丑闻。

不过此事疑点颇多：大福晋给代善送饭，代善吃了；给皇太极送饭，皇太极"受而不食"，一个身在深宫中的小福晋又如何知晓？可以推测出，此事的背后是皇太极在指使：既废了大福晋，让小福晋获得与努尔哈赤同桌吃饭的荣耀，又让代善声名狼藉，除掉登基路上最大的一个障碍。

四大贝勒已去其三，但皇太极还不能说自己已经汗位在握，他还有一个不可忽视的对手——多尔衮。

多尔衮生性聪明，颇得努尔哈赤的喜爱，更重要的是一点，多尔衮的母亲阿巴亥是一个不可忽视的力量。这个女人胸怀大志、足智多谋，她所生的十二子阿济格、十四子多尔衮和十五子多铎三个儿子在努尔哈赤的八大贝勒中占据着强势，是一心要继承汗位的皇太极最大的拦路虎。对皇太极来说最可怕的，是努尔哈赤并没有留下由谁来继承汗位的遗言，而努尔哈赤死前四天里，身边只有阿巴亥奉命服侍。那几天，努尔哈赤针对汗位的问题究竟说了些什么，只有阿巴亥才知道，也正是如此，无论阿巴亥说什么，都具有很高的可信度。如果皇太极不将阿巴亥铲除，她就可以假托"遗命"，代努尔哈赤任用封、赏、贬、谏等大权，如此一来，哪还有他皇太极什么事？

阿巴亥再精明，也不会想到丧夫之日就是自己死亡之期。在皇太极等诸贝勒胁迫下，她于努尔哈赤死后次日为汗夫生殉。"……诸王以帝遗言告后，后支吾不从。诸王曰（略），于是，后于十二日辛亥辰时自尽，寿三十七。乃与帝同柩。"（清·鄂尔泰·《清太祖武皇帝实录》）

在清代官书中，阿巴亥的入葬过程，仅有此寥寥几笔。

女真人对生殉有着严格的要求。被生殉的人，第一点必须是死者的妾室，正室在非自愿的情况下不得生殉；第二点要求生殉者没有未成年的幼子。对于阿巴亥来说，多尔衮和多铎尚属幼子，不合生殉的条件，而且自己大妃的地位身份又在后宫中最为尊贵，生殉之事无论如何也轮不到她。

可事情毕竟发生了，不能生殉的条件恰恰成为了皇太极处死阿巴亥的理由：多尔衮、多铎兄弟二人尚未成人，更遑论战功，却与那些功名显赫的兄长们拥有同样多的属民及权力；而且，阿巴亥身为大妃，无论继承汗位的人是谁，都存在着受她牵制而且可能会随时被取代的危险。因此，皇太极等人便伪造太祖遗诏，逼迫阿巴亥生殉，除却一大隐患。

努尔哈赤死后后金皇宫中的政权之争就这样结束了。皇太极运用努尔哈赤的"伐木"理论，一步步地战胜了那些与之争权夺位的兄弟，登上了后金政权最高的宝座。在这场仅付出一条性命的宫斗中，皇太极的政治智商显露无遗。

如果说努尔哈赤的特点是"开创"与"坚韧"，那么皇太极的特点则是"文治"与"谋略"。下一步，皇太极将挥起利斧，砍向内政与明朝。

权力要实实在在地握在自己手里

天命十一年九月一日,盛京。天命汗努尔哈赤已经驾崩19天。

此日,三大贝勒代善、阿敏、莽古尔泰,以及众贝勒、文武大臣聚会于朝,在皇太极的率领下焚香告天。三叩九拜大礼行毕,皇太极正式登基称汗,改第二年为天聪元年,被称为天聪汗。

次日,皇太极又率诸贝勒大臣对天地祝誓,祈求皇天后土"垂祐",国祚炽昌。皇太极发誓说:"皇天后土,即佑我皇考,肇立丕基,恢复大业;今皇考龙驭上宾,我诸兄衣诸弟侄,以家国人民为重,推我为君。唯当敬绍皇考之业,钦承皇考之心,我若不敬兄长,不爱弟侄,不行正道,明知非义之事而为之,或因弟侄等微有过愆,遽削夺皇考所与户口,天地鉴谴!若敬兄长,爱弟侄,行正道,天地眷佑!"接着,代善、阿敏和莽古尔泰率领众贝勒面对天地诸神,对新汗皇太极盟誓告曰:"我等兄弟子侄,询谋异同,奉上嗣登大位,宗社借凭,臣民倚赖。如有心怀嫉妒,将不利于上者,当身被显戮。我代善、阿敏、莽古尔泰三人,若不教养其子弟,或加诬害,必自遭凶孽。若我三人好侍子弟,而子弟不听父兄之训,有违道者，天地谴责！如能守盟誓，尽忠良，天地眷佑！我阿巴泰、德格勒、济尔哈朗、阿济格、多尔衮、多铎、杜度（褚英长子）、岳托（代善长子）、硕托（代善第三子）、豪格（皇太极长子）等，若背父兄之训，而费矢忠荩，天地谴责！若一尽为国，不怀偏邪，天地眷佑焉！"（《清太宗实录》）

盟誓完毕，皇太极率众贝勒向代善、阿敏、莽古尔泰敬重地拜了三拜，以示"不以臣礼待之"。

然而，皇太极与其众兄弟的盟誓也仅仅停留在了口头上。后金政权内部仍有人对汗位存觊觎之心，意欲图谋不轨。这些人大多地位较高、手握兵权，甚至是八旗中掌有一旗的旗主，若听之任之，不仅会动摇皇太极的地位，也会威胁到后金政权的稳定。因此，皇太极决定加强自己的权力，削弱八旗贝勒的势力。

努尔哈赤生前规定实行八和硕贝勒共理国政的制度。他曾经训谕八个和硕贝勒说："继我而为君者，毋令强势之人为之，此等人一为国君，恐依强恃势，获罪于天也。且一人之识见，能及众人之智虑耶？尔八人可为八固山之主。如是同心谋国，可无失矣。八固山尔等中有才德能受谏者，可继我之位。若不纳谏，不遵道，可更择有德者立之。倘易位之时，如不心悦诚服，而有难色者，似此不善之人，难任彼意也！"

从此可以看出，努尔哈赤对于后金政权统治的构想是以八旗旗主合议为政体的。按规定，四大贝勒按月轮值，共同掌理国家机务。朝贺时，遵循礼仪，汗王皇太极须与三大贝勒代善、阿敏、莽古尔泰都坐北面南，共同接受朝拜。

为了改变这种不利局面，将大权握在自己的手中，皇太极逐步对努尔哈赤定下的规章制度进行改革，改变"狃于积习"的情况，同时接受大明封建王朝的影响，仿照明制使后金政权日益巩固和完善，并进一步封建化，以适应将来夺取中原后统治全国的需要。

天聪三年（1629年）正月，皇太极以"一切机务，辄烦诸兄经理，多有不便"为由，改为由三大贝勒以下诸贝勒代理值月理政。这样，代善等三大贝勒不再值月，他们的权力被皇太极"委婉"地削弱了。

为了进一步削弱三大贝勒的权势，皇太极又增设了"八大臣""十六大臣"，他们有的与诸贝勒坐在一起"共议国事"，有的直接参与"佐理国政"，有的专门负责"出兵驻防"。

这些手段和措施，使君权得到了加强，但没有改变八旗并立的局面。此际，汉官胡贡明上奏说："有人必八家分养之，土地必八家分据之，即一人尺土，贝勒不容于上，上亦不容于贝勒，事事掣肘，上虽有一汗之名，实与正黄旗一贝勒无异也若不改此局面，纵借强兵，入山海关，中原，臣谓不数年间，必将错乱不一，而不能料理也。"（《大清会典》）

皇太极接到胡贡明的奏疏，看过之后深以为然。君主与旗主分权的矛盾，确实是后金进一步发展中亟须解决的问题。时过不久，又有人说，八旗并立，彼此怨与日俱增。君王不要兄弟是倚，他们行将害上。汉官也纷纷上书，主张皇太极君权独揽。

对如何加强君权，解决好与八旗旗主的矛盾，皇太极时时权谋在心。不久，他根据汉官的建议，仿照明制，设立六部。

天聪五年（1631年），皇太极仿照明朝的管理制度设立六部，以贝勒管部事。

后金六部，分吏、户、礼、兵、刑、工，一如明制，每部皆用一贝勒主管。六部各设贝勒一人，"管某部事"。在这些贝勒之下，还设有承政、参政、启心郎、办事、笔贴式等官。承政各设满、蒙、汉一人。承政之下，皆设参政（尚书侍郎）八人，只有工部设满族人八名，蒙汉各两名。办事、笔贴式，看事务繁简，各酌量补授。

皇太极直接面谕六部大臣，要他们奉公守法，按照自己的意旨办事，"以副朕意"。汉官说："今六部已立，规模次第可观，伏乞上毅然独断。"皇太极立即采纳，于六部中添启心郎之职。启心郎的设置，有助于君权的加强。其职责是：见管部事的贝勒有不善行为，劝阻莫行，启迪他们勤于国事，忠于大汗。

六部的设置加强了君权，巩固了后金统治，为日后进取中原、夺取明朝政权做了准备。它使后金"某一宗我国行得，某一宗我国行不得，参汉酌金，渐就中国之制，日后得了蛮子（指汉明王朝）地方，不至于手忙脚乱"。同时，它的设置，又使后金政权在封建化过程中前进了一大步。

六部设立以后，皇太极的权威仍没有完全凌驾于诸贝勒之上，一些权势很大的贝勒仍旧视君权于不顾，甚至有所挑衅。为了进一步加强君权，巩固后金统治，皇太极又开始进行旨在削除异己、摧毁三大贝勒的改革。

生死冤家袁崇焕

五载离家别路悠,送君寒浸宝刀头。

欲知肺腑同生死,何用安危问去留。

杖策必因图雪耻,横戈原不为封侯。

故园亲侣如相问,愧我边尘尚未收。

——明·袁崇焕·《边中送别》

豪迈中带着一份苍凉,热血里浸着一份彷徨,明天启六年(1626年)九月的袁崇焕的心情始终如此。虽然他已决意将一腔热血乃至生命都用来换取辽东失地的收复,但朝中的局势却总是成为掣肘的桎梏。

此际的明廷,朝政大权已经完全把握在了以魏忠贤为首的阉党手中,长期以来与阉党集团相抗争的东林党人,在此时也沦为了朝政的配角,仅能在阉党的高压之下,发出一些微弱的声音。为了自己收复辽东的大业,一向洁身自好、刚直不阿的袁崇焕也不得不向阉党妥协:

> 辽东巡抚袁崇焕疏称：厂臣魏忠贤功在社稷，海内之共见共闻，无容职赘其身任辽事，誓恢复，枭灭逆虏，任用刘应乾、陶文、纪用等，而关内外御敌之伏甲军器马匹悬帘等项，俱以家资置办，日逐解来，又助军需。臣方一意巡缉，严警诸营将吏，不敢贪懦营私，不敢馈遗隐串，改虚为实，化贾为真，易怯为勇，以有今日。泿古内臣谁有出其右者！通之世赏宜也。镇臣刘应坤等以第侧贵臣而枕戈袵甲，士典素与同甘苦躭备粮刍不烦近费，且犯露蒙霜，出入于贼巢虏穴，吞胡壮胆，指日誓天，真国家之干盾爪牙，荫赏世及宜也。奉圣旨：据奏厂臣魏忠贤身任边事，誓恢，捐资佐军，以致诸营将吏廉勇自饬，允稔元功，镇臣刘应坤等出入贼巢，为国干盾，亦朕所素鉴者。……俱应叙录，以达忠勤。袁崇焕宁前钜义，著有成劳，升荫示酬，原系彝典，不准辞。
>
> ——《明熹宗都察院实录》

这份写给魏忠贤的信很长，但意思却无外乎在向魏阉表忠心，字里行间透露出来的是一片曲意奉承：一面在陈述自己戍边有多么辛苦，一面又表示此番忠心日月可鉴，更有对魏忠贤在朝中的"辛苦"施以赞扬之辞。袁崇焕深知，如果不得到这个权倾一时的大太监的支持，那么自己在边疆的军事行动势必会受到掣肘，袁崇焕只能继续"愧我边疆尚未收"的遗憾。

然而这份妥协并没有换来魏忠贤的投桃报李，出于自身的利益，阉党集团依旧保持着对袁崇焕的警戒之心。

宁远大捷的消息传到京师后，满朝之兴奋溢于言表，就连痴迷

于木匠活计的天启帝都感慨地说道："此七八年来所绝无，深足为封疆吐气！"（《明史·袁崇焕传》）

论功行赏，袁崇焕毫无争议地居功第一，时任兵部尚书的王永光上表章为袁崇焕请功曰："辽左发难，各城望风奔溃，八年来贼始一挫，乃知中国有人矣！盖缘道臣袁崇焕平日之恩威有以慑之维之也！不然，何宁远独无夺门之叛民、内应之奸细乎？本官智勇兼全，宜优其职级，一切关外事权，悉以委之。"

天启帝欣然应允。天启六年三月七日，"复设辽东巡抚，袁崇焕为之。叙功，加袁崇焕兵部右侍郎，荫千户。袁崇焕三疏辞之，不许"（《明史·袁崇焕传》）。

由于努尔哈赤在宁远战场失利，后金军又分兵攻打觉华岛（今辽宁省兴城市菊花岛），据《国榷》记载，此役，岛上参将金冠等7000水兵英勇殉国，7000商民被屠杀。后金焚毁觉华岛粮料8万石，船2000只。左都御史崔呈秀上书弹劾辽东经略高第、总兵杨麟，杨麟因不发援军而被削职，高第则称病辞职还乡。由王之臣代替高第督师辽东。

然而袁崇焕和王之臣在对总兵官满桂的任用上出现了分歧，导致经抚不合，袁王二人由此产生罅隙。虽然这一不快最终以袁崇焕的妥协而告终，但还是埋下了祸根。

努尔哈赤葬礼上，袁崇焕派一名喇嘛前去吊唁，皇太极趁机与袁言和。考虑到当时的局势，袁崇焕奏报朝廷，主张用假议和的方式来为明军的休养生息争取时间。但王之臣坚决反对，他先是把努尔哈赤向蒙古和朝鲜求和遭拒的情况说了一遍，着重指出袁崇焕用假议和的方式来争取时间是天大的错误，甚至借用蒙古人的话来骂袁崇焕没有"脑子"。这份奏折让袁王二人的矛盾进一步激化。

好在这时御史智铤上书称"督抚意见各异，恐误边事"，天启帝才下定决心，于天启七年正月召回王之臣，将"关内关外之事尽付袁崇焕便宜行事"。但这一"议和"行为却埋下了隐患，成为袁崇焕敌对方的攻讦借口，日后袁崇焕在惨遭崇祯皇帝凌迟之时，此事也成了一个罪名。

袁崇焕获得主持山海关内外事宜的全权之后，继续沿用宁远大捷时所采用的以守代攻、渐次收复失地的政策，大力修建锦州、中左所（今辽宁省葫芦岛市连山区塔山乡）和大凌河堡（今辽宁省锦县）三处城池，打造出关外一条以宁远、锦州为重点的宁锦防线。

正当袁崇焕开始打造宁锦防线之时，皇太极也开始东征朝鲜。

天启七年（1627年）正月初八，皇太极一面遣使与袁崇焕议和，一面派阿敏出兵东征朝鲜。结果，因为驻守朝鲜的明将毛文龙谎报军情，导致偷袭盛京的明军遭受到严重的损失。

同年五月，皇太极从朝鲜班师回到盛京。获悉袁崇焕再造宁锦防线的消息之后，当即决定出兵宁锦，防止袁崇焕所打造的宁锦防线成为山海关前不可逾越的障碍，并将袁崇焕的计划打破，伺机再侵京师。而且，明军刚刚在偷袭盛京时受到重创，皇太极认为，此恰是明军士气低落之时，当可一战。

五月初六，刚刚回京不久的皇太极就以"明人于锦州、大凌河、小凌河筑城屯田"，没有和谈诚意为借口，亲率5万余后金军兵出盛京，分兵三路，直扑锦州城。

三路大军先后攻占大小凌河、右屯卫等城堡，于锦州城下会师。十二日中午时分，对锦州城发起总攻。

虽然守卫锦州城的明军只有3万余人，但守将总兵官赵率教等人依循宁远之战时的战略，使用红衣大炮等火器对后金军进行还击，任皇太极使出任何诱敌出城的手段，也坚守不出，避免与后金军的白刃战。

皇太极见锦州城久攻不下，且使己方伤亡惨重，便放弃锦州，转攻宁远。结果宁远守将乃袁崇焕、祖大寿等一干名将，且满桂自山海关领兵1万驰援，皇太极再次尝到了失败的滋味。

二十九日，皇太极再次回师重攻锦州。然而时值酷暑，士卒非战斗减员严重，再告无功。

六月初五，皇太极终于承认作战失败，撤回盛京。

初六，袁崇焕上书朝廷：

> 仰仗天威，退敌解围，恭纾圣虑事：准总兵官赵率教飞报前事，切照五月十一日，锦州四面被围，大战三次三捷；小战二十五日，无日不战，且克。初四日，敌复益兵攻城，内用西洋巨石炮、火炮、火弹与矢石，损伤城外士卒无算。随至是夜五鼓，撤兵东行。尚在小凌河扎营，留精兵收后。太府纪与职等，发精兵防哨外。是役也，若非仗皇上天威，司礼监庙谟，令内镇纪与职，率同前锋总兵左辅、副总兵朱梅等，扼守锦州要地，安可以出奇制胜！今果解围挫锋，实内镇纪苦心鏖战，阁部秘筹，督、抚、部、道数年鼓舞将士，安能保守六年弃遗之瑕城，一月乌合之兵众，获此奇捷也。为此理合飞报等因到臣。臣看得敌来此一番，乘东江方胜之威，已机上视我宁与锦。孰知皇上中兴之伟烈，师出以

律，厂臣帷幄嘉谟，诸臣人人敢死。大小数十战，解围而去。诚数十年未有之武功也！

——明·袁崇焕·《锦州报捷疏》

在报捷书中，袁崇焕详细地讲述了宁锦之战的过程，同时一再强调此役之胜的原因在于皇上天威，三军用命，甚至捎带着恭维了魏忠贤一番。

宁锦之战，后金军攻城，明辽军坚守，25天时间的激战，宁远与锦州以全城而结局。这对于已是强弩之末的明朝来说，无异于打了一针强心剂。

但这一战的失败，对于皇太极来说却是一个沉重的打击。他没有想到，自己嗣位之后对明廷的第一战，竟与其父的最后一战殊途同归。此战之后，形成了明与后金在辽西战场上的对峙之局，后金军再难西进。留给皇太极的，是更为严峻的内外形势。

欲擒故纵除隐患

明崇祯二年，后金天聪三年（1629年）十二月十七日，皇太极亲率八旗和蒙古联军十余万兵出关内，直扑北京城。结果在永定门外遭到了大同总兵满桂的重创，只得大肆掠夺一番后班师，返回关外，于天聪四年三月初二抵达盛京。

但是，放弃关外、偏安辽东岂是皇太极的心愿？一次的挫折算不了什么，壮大自己的实力，伺机而动才是王道。于是，他派阿敏、阿巴泰、济尔哈朗等人率领5000八旗军驻守在关内的滦州、迁安、永平、遵化四座军事重镇。

此时的明廷再度起用孙承宗任辽东经略一职。在孙、袁二人的部署下，明军开始由战略防御转变为集中优势兵力收复辽东失地。首先要收复的，当数永平四镇。

率先迎来明军攻势的是滦州。然而作为此地的最高军事长官，阿敏却对滦州的被动无动于衷，拒不发援。滦州为明军所收复。

这时候的阿敏犯了一个更大的错误：他将降金的汉将、并由皇太极钦定的永平巡抚白养粹处死，在永平城中大开杀戒，屠戮无数，紧接着趁着夜色弃城出关，逃亡关外。

身在盛京的皇太极对阿敏在永平城里的作为毫不知情。得知永平四镇被明军所攻打的战报之后，忙派贝勒杜度星夜率兵驰援永平，同时让杜度带去一张敕令，告诫阿敏要对城中官民加以善抚，不得胡作非为。为了保住永平四镇，他甚至已经做好了亲征的准备。

然而阿敏弃城出逃的行径彻底将皇太极的战略计划打乱，屠城的暴行也对皇太极的权威造成了严重的不利影响。永平保卫战之前，皇太极刚颁布一项厚待俘虏的上谕，结果阿敏就将之糟践得体无完肤，不但投降的汉族人心寒如冰霜，就连皇太极费尽心思在关内布下的"棋子"也被轻易葬送。这怎能不让皇太极怒火中烧？

阿敏辗转逃回盛京，盛怒之下的皇太极拒绝放他入城。六月初七，皇太极召集诸贝勒大臣，议定阿敏之罪。议毕，命岳托当众宣布，历数其十六大罪状，遂命夺其人口、财物给其弟济尔哈朗，只留庄园八所，将阿敏"送高墙禁锢，永不叙用"。

永平四城的失守，其实只不过是皇太极欲除掉阿敏这个隐患的导火线。

当年努尔哈赤尸骨未寒之时，阿敏便向皇太极提出了一个拥立他为嗣位之人的条件："我与诸贝勒议立尔为主，尔即位后，使我出居外藩可也。"分裂之心昭然若揭。皇太极称："若令其出居外藩则两红、两白、正蓝等旗亦宜出居于外藩，朕统率何人，何以为主乎。"尽管阿敏在支持皇太极继承汗位的过程中起过积极作用，但实质上是不赞同的，并放言"谁畏谁，谁奈谁何"。先汗病死，对于后金是何等危急时刻，而阿敏的三位福晋却"盛装列坐"。

天聪三年十月，皇太极统兵扰明，阿敏留守沈阳。次年春，岳托、豪格率军先还。阿敏出迎，居中而坐，令留守诸臣坐于两侧，"俨如国君"。

次年，阿敏受命驻守永平后，对皇太极委任的城中汉族降官、招徕的乡民极为反感，任意杀害，又擅自在明军将至之时弃城逃回沈阳。

皇太极先拿堂兄开刀，采取故意放纵的策略，不动声色地除掉三大贝勒之一，又使其余诸人无法反对，高明之至。削夺二贝勒之举自然引起了另外两大贝勒的警惕，尤其三贝勒莽古尔泰，对皇太极的做法大为不满。

莽古尔泰性格鲁莽、暴躁，因为心有怨言，自然在行为举止上表现出来。这正是皇太极所希望的。

天聪五年（1631年），皇太极统军进行了大凌河之役。一天，皇太极到岳托营巡视。莽古尔泰与岳托一同上奏说："昨日之战，我旗中将领受伤者较多，我旗下的士兵，有的跟着阿山出哨去了，有在达尔汉额附的营中当差者，能不能让我把他们收回来？"

皇太极故意用含着怒气的语调说："我听说你所率领的部队，凡是被差遣到外面去的，都是违反军令的。"

莽古尔泰不服气，道："我的部队哪里违反了军令？"

皇太极回答说："果然是别人的诬告，我回去后亲自追究诬告者的责任。"

莽古尔泰一时按捺不住，愤怒地说："大汗你应当公正处事，为什么非要与我为难？我考虑到大汗的颜面，无论什么命令都完全服从，你们不肯放过我，难道还想要置我于死地不成？"并伸手将佩刀拔出刀鞘五寸许,用眼斜睨着皇太极。

当时莽古尔泰的弟弟德格勒也在场。德格勒劝阻他,他不听,挥拳殴打他,他仍怒骂不止。事情发生后的第二天,莽古尔泰以"饮酒过度、狂态失言"为辞,向皇太极叩头请罪。众贝勒大臣议论说,莽古尔泰拔刀露刃,"欲犯上,大不敬"。皇太极遂降其秩(降和硕贝勒秩同诸贝勒),罚银万两及马匹甲胄若干。

同年十二月,礼部参政李伯龙奏定朝仪说,诸贝勒皆言莽古尔泰不当与皇太极并坐。皇太极说:"从前跟诸位平起平坐,今天却不是这样,要是让外人知道,会怀疑我怠慢了各位兄长。"

代善主动说:"我们既然已经拥立大汗为君,再与大汗平起平坐,恐怕会遭到国人的议论,说我们已经奉大汗为君,还与大汗平起平坐,于礼不合。如果仍像以前那样,必定会受到上天的惩罚。所以自今以后,大汗在南面中间坐,我与莽古尔泰在侧面陪坐,外国蒙古诸贝勒等人,就坐在我和莽古尔泰的下面。"

这种座位的变易,不只是表示朝仪的形式,也是后金内部渐趋统一的明证。

次年,三贝勒莽古尔泰在忧郁中死去,又一大势力被皇太极轻易削除了。

天聪九年(1635年)十月,大贝勒代善盛情款待了三贝勒莽古尔泰的妹妹哈达公主莽古济格格。皇太极对莽古济格格的成见本来就很深,见代善宴请她便大为震怒,声称"正红旗的诸贝勒轻视我"。不久,皇太极历数代善不遵旨令、悖乱多端等罪,但这些罪名不足以作为削除代善的借口,因此皇太极声言"别举一强有力者为君",从此杜门不出。众贝勒大臣闻讯,人人惶恐,到朝门外跪请皇太极出朝听政，还哀告说："大小纲纪，俱听睿裁。"从此，大贝勒代善几乎被削夺了大贝勒的名号，其子贝勒岳托、萨哈廉也因此受到牵连，俱同时获罪任罚。

十一月，莽古济的家仆冷僧机忽然到刑部自首，告发正蓝旗主莽古尔泰、德格勒生前曾与莽古济、索诺木（原蒙古敖汉部长，归附后金后，取莽古济公主为妻）、屯布禄、爱巴礼等跪焚誓词，结党为乱，图谋不轨，于是构成惊动一时的大案。在抄没莽古尔泰的家时，果然查获"所造木牌印十六枚，视其文，皆曰：'金国皇帝之印'"。皇太极于是严厉镇压参与此事者。莽古济及其夫索诺木以"谋危社稷""逆迹彰著"的罪名被处死。屯布禄、爱巴礼及其亲支兄弟子侄俱磔于市。莽古尔泰有两个儿子被杀，其余六子同德格勒之子皆废为庶人。正蓝旗附入皇太极旗，被吞并。皇太极长子豪格由两黄旗分出，专门主管重新编制的正蓝旗。

天聪末年，皇太极实际上已经控制了两黄、两蓝、两白六族，势力还渗入到镶红旗，结束了"八和硕贝勒共理朝政"的局面，开始"制令统于所尊"。后金的朝政大权完全掌握在了他的手中。

武攻朝鲜，拉拢蒙古部，建大清

后金天聪八年九月，多尔衮在征伐蒙古察哈尔部林丹汗残部的时候临之以威、施之以谋，未费一兵一卒，便让林丹汗余部不战而降。

这个功绩说小不小，但说大也不算太大，因为与多尔衮所立下的另一份功劳相比，区区的军功都不值得一提。那份大功便是：多尔衮自林丹汗部手中得到了中原朝廷失踪200多年的"传国玉玺"。

"传国玉玺"，乃是由春秋时期著名的和氏璧制成。秦朝时，咸阳玉工王孙寿奉秦始皇命将和氏璧精研细磨，雕琢成方圆四寸、上纽交五龙的玉玺，李斯篆书"受命于天，既寿永昌"八字，用来作为"皇权神授、正统合法"的信物。之后的历代帝王都将此玺为视为帝王信物，奉为镇国之宝，得到它就象征着该帝王"受命于天"，失去它则意味着"气数已尽"。

传国玉玺在中国历史上几经出没，到了元末之时，元顺帝携玉玺逃往大漠，朱元璋派大将徐达深入漠北，穷追猛打远遁之残元势力，其主要目的便是索取传国玉玺，然而最终还是无功而返。

传国玉玺从此不知所终。

如今,"传国玉玺"被多尔衮自蒙古部取得,并将之献给皇太极,此功可称为不世。皇太极在下定决心征讨蒙古部族之前,是决不会想到这个惊喜的。

在努尔哈赤时代,朝鲜和蒙古部族只是后金与大明王朝之间的两枚棋子而已,并没有得到多大的重视。但皇太极却不这么想。为实现征服明朝、定鼎中原的远大抱负,他没有延续努力哈赤对朝鲜和蒙古部族不重视的态度和做法,而是积极采取各种措施扫除征明的后顾之忧,削弱明朝外围势力。朝鲜是后金东部邻国,也是大明的属国,即使在后金大举进攻明朝,明军节节败退之际,依然在为明廷摇旗呐喊。明将毛文龙之所以敢于对后金的后方进行骚扰,很大原因就是因为朝鲜的鼎力相助。想要压制明朝,朝鲜是一个必须争取到手的对象。为此,皇太极两次对朝鲜用兵,迫使朝鲜国王与后金订立君臣之盟,并向后金称臣纳贡。皇太极还将朝鲜太子李造及皇子李警当作人质,强行带回盛京软禁。

后金的西面是漠南蒙古。漠南蒙古的领地位于明领地与后金领土之间,具有极其重要的战略意义,皇太极曾经说过,"我满洲与尔蒙古,原系一国",他这话的用意很明显,就是拉拢蒙古部,以蒙古部为同盟,共同对明廷动兵。

漠南蒙古分散成若干部落,有强有弱,各自为政,如一盘散沙。对后金所抱的态度也或友或敌,不尽相同。针对这种情况,皇太极采用分而治之的"慑之以兵,怀之以德"的政策,例如采取通婚、馈赠的笼络方式同与后金交好的科尔沁部、喀尔喀部建立起同盟关系,而采取武力对与后金为敌的察哈尔林丹汗部进行征服。皇

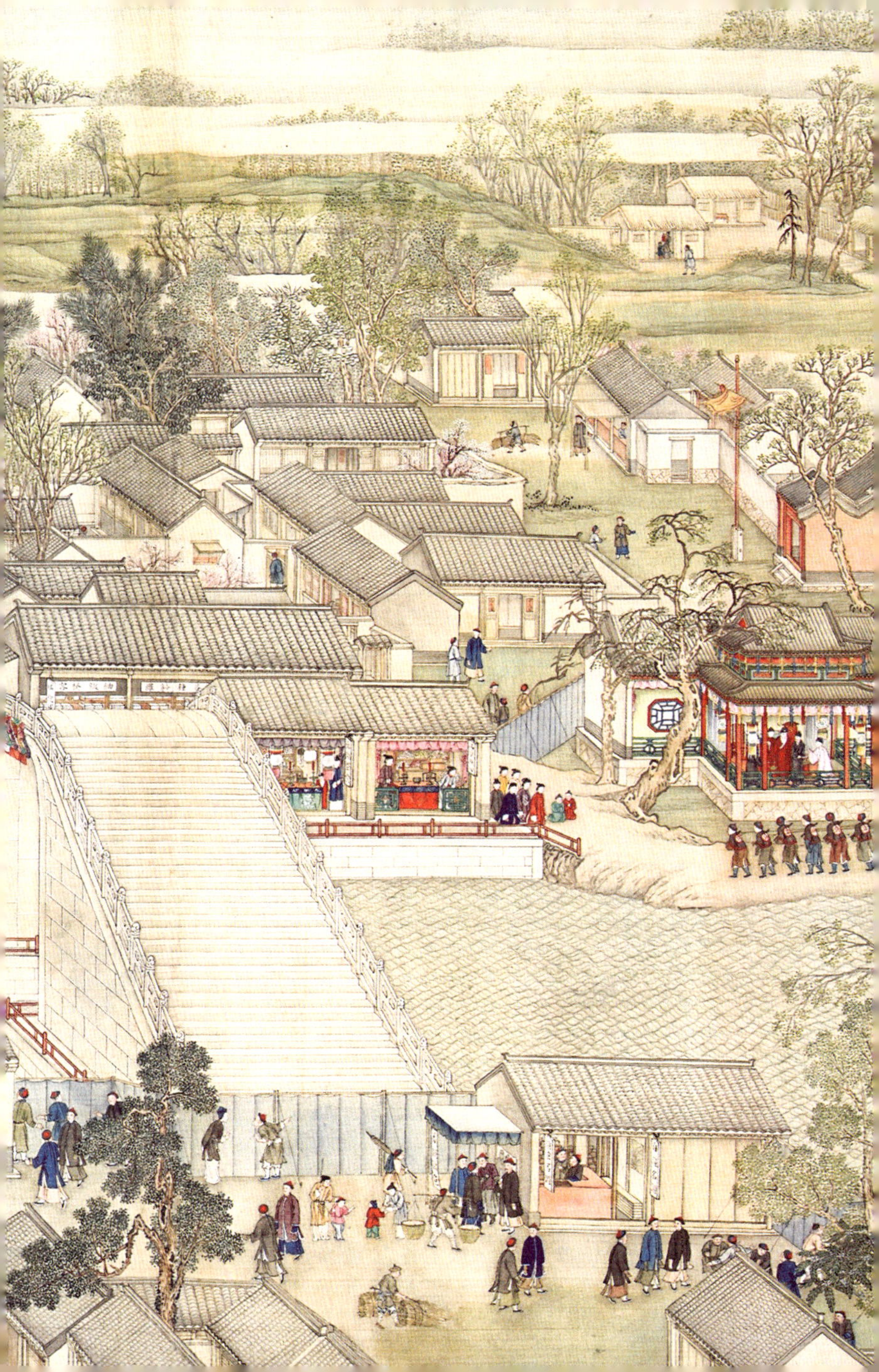

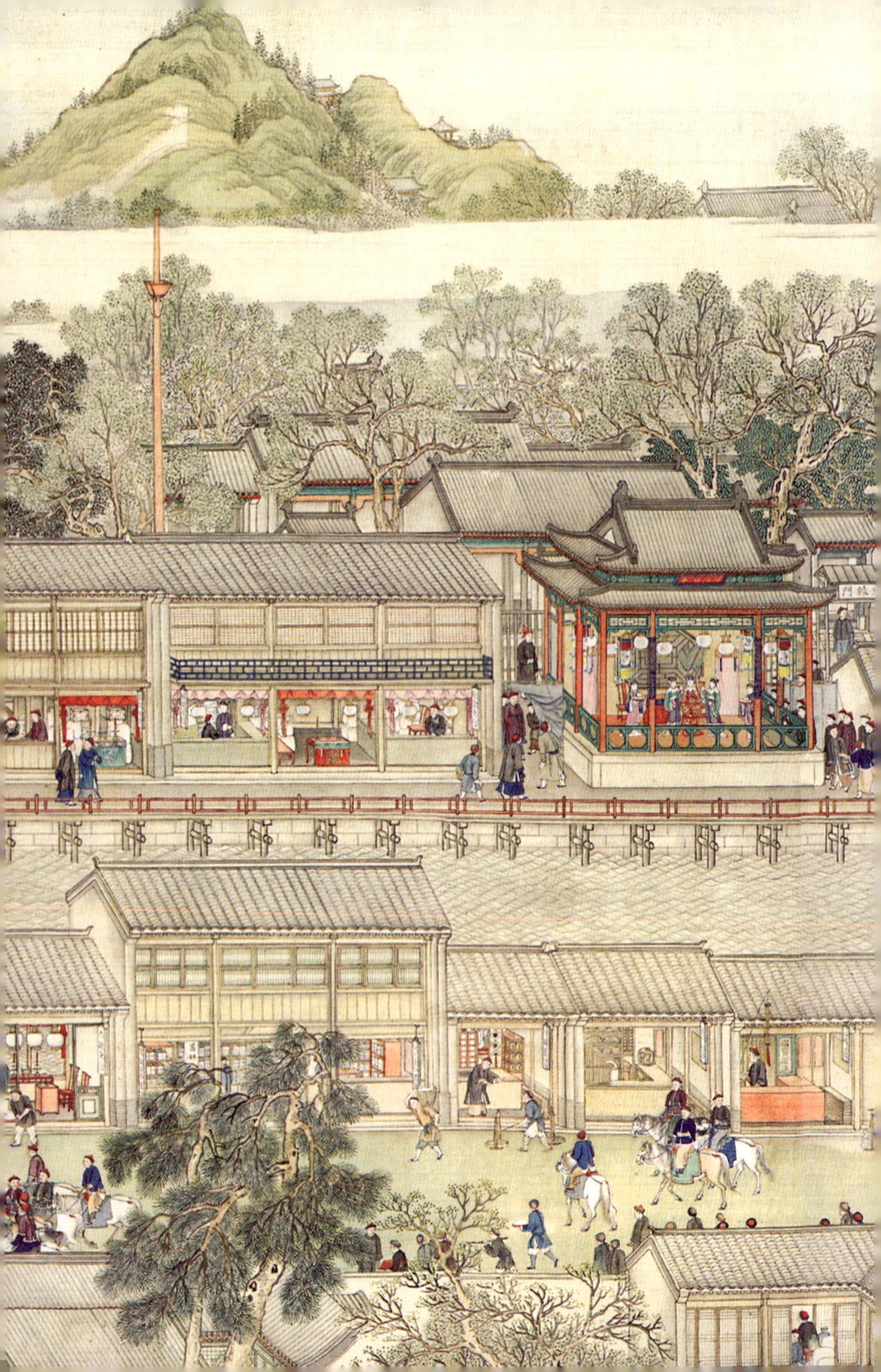

太极采取的这个策略与对朝鲜所采取的策略殊途同归，取得了重大的成功。

一系列大刀阔斧的改革与军事行动之后，皇太极终于使后金政权趋于稳定。恰在此际，多尔衮献上"传国玉玺"。皇太极以为"天赐至宝，此一统万年之瑞气也"，于是改元崇德，改国号清。天聪八年冬，皇太极祭告汗父努尔哈赤，文曰：

> 甲戌年十月二十七日，嗣位孝子皇太极，敢昭告于皇考之灵曰：臣受命以来，管八旗之子孙，合志同谋，夙夜忧勤，唯恐不能仰承先志，于兹八年。幸蒙天地之鉴，臣等一德同心，眷顾默佑，仗皇考积德之威灵，臣等与诸国习之以兵，怀之以德，四境敌国，归附甚众。谨取数年行师奏凯之事，上慰神灵：朝鲜稽首纳贡，喀尔喀五部举国来归，招降阿鲁诸部落，以及科尔沁、土默特部落，无不臣服。察哈尔兄弟先归附者半，察哈尔汗携其余众避我西奔，未至汤古特部落，殂于西喇卫古尔部落之打草滩地方，其执政大臣，各率所属来归。今为敌者，唯有明国，天下之事业，俱已就绪。凡此皇考之素志，后人踵而行之也。伏冀神灵始终默佑，以廓疆域，以成大业，唯在明鉴。不胜感怆，谨上告。
>
> ——《清太宗实录》

一篇祭文，皇太极将数年来所取得的成就向努尔哈赤总结了一番：收朝鲜，招降蒙古部分部落，不仅稳固了努尔哈赤打下来的江山，更获得了一批强有力的外援，削弱了明朝的军事实力。皇太极也在祭文中承认，努尔哈赤取明朝而代之的梦想尚未得到实现，明朝此时仍是后金最大的对手。不过他又信心百倍地向九泉之下的努尔哈赤许诺，虽然明朝一时尚无法被纳入囊中，但只是时间问题。

其实，皇太极的这篇祭文并不是写给努尔哈赤的，而是在说给天下人听，尤其是说给后金贵族们听的。皇太极以努尔哈赤第八子的身份继承汗位，来自于兄弟的压力可想而知，他必须要用功绩来证明自己的继位不是个错误。虽然暂且没有实现努尔哈赤终生的梦想——取明朝而代之，但也迈出了相当重要的一步。同时，他也在为自己上尊号、正式称帝做一个舆论上的准备。

天聪十年（1636年）四月，诸贝勒大臣以远人归服、国势日隆为理由，请求为皇太极上尊号，皇太极未允。后来萨哈谦让诸贝勒检讨过去，表示今后忠诚效力，皇太极答应可以考虑。

然后皇太极又以"早正尊号"征询汉官儒臣的意见，鲍承先、宁完我、范文程、罗绣锦等都表示赞成。萨哈廉又召集诸贝勒各书誓词，向皇太极效忠。"外藩"诸贝勒闻讯也请求上尊号，皇太极同意了。上尊号的准备活动至天聪十年三月末大体就绪。

四月五日，满洲诸贝勒、固山额真，蒙古八固山额真，六部大臣，孔有德、耿仲明、尚可喜，外藩蒙古贝勒及满蒙汉文武官员齐集。大贝勒代善及内外诸贝勒、文武群臣共上表，表分别以满、汉、蒙三种文字书写。多尔衮捧满字表、巴达礼捧蒙字表、孔有德捧汉字表各一道，率诸贝勒大臣文武各官赴宫门跪下，皇太极在内楼，御前侍卫传达，皇太极命满、蒙、汉三儒臣捧表入，诸贝勒大臣行三跪九叩头礼，左右列班候旨。三儒臣捧表至御前跪读，文曰：

诸贝勒大臣文武各官，及外藩诸贝勒，恭维皇上承天眷佑，应运而兴。当天下混乱之时，修德礼天，逆者威之以兵，顺者抚之以德，宽温之誉，施及万方。征服朝鲜，统一蒙古，更获玉玺，内外化成，上合天意，下协舆情。以是臣等仰天心，敬上尊号，一切仪物，俱已完备伏赐愈尤，勿虚众望！

——《清太宗实录》

表中简单地回顾了皇太极的功绩，并且指出该功绩足以让皇太极顺应天命，加皇帝之尊号。而且一再强调，加皇帝尊号其实是天意使然，不可推辞。这个理由让皇太极正好顺水推舟，表示同意，并发誓倍加乾惕，忧国勤政。

消息由儒臣传出，众皆踊跃欢欣，叩头而出。四月十一日，皇太极正式祭告天地，受"宽温仁圣皇帝"尊号，建国号大清，实际是把后金改为大清，改元崇德，即天聪十年为崇德元年。祭告天地完毕，在坛前树鹄较射。

皇太极雄心勃勃，欲取明而代之。然而明廷方面，虽然有心抗敌，却已无力回天。末代皇帝崇祯空有一腔热血，却输给了自己的狭隘心肠。即使有女将秦良玉、名将袁崇焕，依然改变不了大厦将倾的颓势。

第四章
崇祯：有心无力的帝王

天启驾崩，崇祯继位，除阉党，整边防，大有再造朱明中兴的架势。然而百余年的积弊又岂是一朝可补？民不聊生的百姓举起义旗，在闯王李自成和魔王张献忠的率领下横扫中原，直扑京师。刚愎自用的崇祯帝误中反间计，自毁长城，让一代抗清名将袁崇焕冤死街头。朱由检的那一封封罪己诏，不仅没有感动上苍，反而成为他的墓志铭。

年轻新帝有心机

明天启七年八月,紫禁城。

崇祯帝朱由检瞟了一眼殿下跪着的四位美女,冷哼一声,不置可否,魏忠贤的如意算盘成了竹篮打水。

要知道,魏忠贤在这四位国色天香的美女身上藏了一颗香丸,名曰"迷魂香"。顾名思义,闻此香日久,会对神经系统产生不可逆转的破坏,人也就变成了白痴。魏忠贤想要用这个办法,来控制住刚刚登基的朱由检,继续天启年间的作威作福。

令他没想到的是,16 岁即位的朱由检对自己贡献的美女毫不动心。也不知道是皇上天性淡漠,还是对自己产生了戒备之心,魏忠贤心里十分惶恐不安,当即以退为进,在崇祯帝即位后的第七天,便上表请求致仕。

继承兄位的崇祯帝朱由检早在天启帝在位时便对魏忠贤极为不满。一朝权力在手,便想将这个祸国殃民的旷世阉佞狠狠地治理一番。但他深知,阉党盘根错节,牵一发而动全身,一旦轻举妄动,便会打草惊蛇。若是逼得阉党狗急跳墙,那后果将不堪设想。于是，崇祯帝暗暗打定了各个击破的主意。

首先，他将魏忠贤请求致仕的上表驳回，稳定住阉党那颗躁动不安的心，留给他们一线希望。

其次，崇祯帝示意朝中群臣上书对魏忠贤及其阉党进行弹劾。一时之间，对魏忠贤党徒的弹劾奏章像雪片一样地飞向思宗。号称"五虎"之首的崔呈秀首先受到攻击，崇祯将其兵部尚书的职务撤除。随即便有大臣开始揭发魏忠贤的罪行。浙江嘉兴的贡生钱嘉征上书弹劾了魏忠贤的十大罪：

> 一并帝（架空皇帝），二蔑后，三弄兵，四无二祖列宗，五克削藩封，六无圣，七滥爵，八掩边功，九朘民，十通关节。
>
> ——《明史·魏忠贤传》

其中的任何一条罪名都足以使他灭门。

崇祯还是没有直接对魏忠贤采取动作，而是先拿魏忠贤的对食客氏开刀。

所谓对食，是古代宫中一种太监和宫女的配合方式。得宠的太监便可结交一名宫女，由她照顾衣食起居，或者是由皇上特别赐予，令他们建立家庭。其实这是虚凰假凤，并非真夫妻，称对方为"对食者"，而这种关系则被称为"对食"。

魏忠贤的对食正是客氏——天启帝的乳母。魏忠贤在朝中颐指气使，客氏则在宫里作威作福，她胁持皇后，迫害宫女，无恶不作。偶尔出皇宫一次，也是前呼后拥，气派非常。她与魏忠贤狼狈为奸，将威严富丽的皇宫，变成了一座藏污纳垢、罪孽深重的人间地狱。想要扳倒魏忠贤，拿客氏开刀最为稳妥。

崇祯帝下旨：由于明熹宗龙驭上宾，其身边之人于礼应当被打入冷宫。但客氏是大行皇帝的乳母身份，不宜居于冷宫，因此，令客氏搬出皇宫。

客氏无奈，把熹宗的胎发、痘痂以及自小到大换下来的牙齿和剃下的须发收集起来，装在一个小盒里，一路嚎哭着离开皇宫。她也知道，自己这一去，必是凶多吉少。

崔呈秀的罢官和客氏的离去，让魏忠贤顿感大势已去。但皇上不允致仕，他也只能在胆战心惊中等待自己的末日。不过，他还抱有一线希望。

钱嘉弹劾魏忠贤十大罪之后，朝中耳目众多的魏忠贤便听到了风声，连忙入宫哭诉。可这个时候的痛哭流涕又有何用？崇祯不是那个木匠皇帝天启，鳄鱼的眼泪对朱由检没有任何效果。

当下，崇祯便命左右朗读原疏，魏忠贤惊心动魄，只是磕着响头。他磕了百十来个头，但根本没能换来崇祯的心慈手软。

魏忠贤毫无办法，只得拿出自己的家私重宝，贿赂信邸太监徐应元，托他在皇帝面前美言几句。徐应元受人钱财，倒也懂得替人消灾。更何况他本来就是魏忠贤赌桌上的朋友，便很痛快地答应了，赶到崇祯面前替魏忠贤说情。然而决心已下的崇祯还没等徐应元把话说完，便将他臭骂一顿，撵出宫门。魏忠贤最后的努力宣告失败，最后一丝希望，变成了彻底的绝望。

徐应元说情的次日，崇祯帝便颁布一道严旨：

> 逆恶魏忠贤，盗窃国柄，诬陷忠良，罪当死。姑从轻降

发凤阳，不思自惩，犹畜亡命之徒，环拥随护，势若叛然。着锦衣卫速即逮讯，究治勿贷！

——《明史·魏忠贤传》

凤阳何地？安徽凤阳正是明朝开国之君朱元璋的出身之地，朱家祖坟之所在。崇祯将魏忠贤派到那里守坟，无异于判了个无期徒刑。

魏忠贤无奈接旨，离京上路。虎瘦威风在，魏阉虽已失势，但党羽依然如织。离京路上，所带随从数百人之多，四十车珠宝、千匹马随行，不似被贬，反倒像出巡。

崇祯岂能让魏阉如此风光？闻听之后，当即追加一道旨意：

> 朕临御以来，深思治理，乃有逆党魏忠贤擅窃国柄，奸盗内帑，诬陷忠良，草菅多命，狠如狼虎，本当肆市，以雪象冤，姑从轻降发凤阳，岂巨恶不思自改，致将素畜亡命之徒，身带凶刃，环拥随护，势若叛然，朕心甚恶，着锦衣卫差的当官旗前去扭解，押赴彼处交割，其经过地方，着该抚按等官，多拨官兵，沿途护送，所有跟随群奸，即时擒拿具奏，毋得纵容遗患。若有疏虞，罪有所归，尔兵部马上差官星速传示各该衙门。

——明·计六奇·《明季北略》

崇祯把话说得很决绝："魏忠贤绝不可能再存在于世上。"先时已经是从轻发落，没有取他性命，而这个魏阉依旧风光逍遥——被发配还摆出了一副巡游的架势。虽然崇祯明知道区区几百人成不了大气候，但毕竟是一个隐患。魏忠贤不死，崇祯就睡不了一个安稳觉。所谓的魏忠贤有谋反之心，只不过是一个借口罢了。唯有让其所经之路的各地方官员配合锦衣卫将魏忠贤正法，才是一劳永逸的解决办法。

旨意下达之时，魏忠贤正走到河北阜城，在驿馆之中歇息，忽然听到耳目传来的消息，知道锦衣卫正在快马加鞭地追赶。他心知一旦被拘入京，小命必定不保。

正在此时，耳畔传来一阵《挂枝儿》的歌声：

……随行的是寒月影，吆喝的是马声嘶。

似这般荒凉也，真个不如死……

这首《挂枝儿》的另一个名字是《五更断魂曲》，曲分五段，从一更唱到五更，由京师里一位姓白的书生所作。魏忠贤听到之后心里更加郁闷。再加上锦衣卫的步步逼近，当下只得长叹一声，与干儿子李朝钦用一根绳子了结了自己的性命。

旷世阉佞终于结束了他的一生。

魏忠贤乱政期间，也正是明与后金对峙的最关键时刻。而魏忠贤在此时做了什么？

天启五年（1625年）十月，袁崇焕在辽东重镇宁远打败后金军队，这一胜利本来与魏忠贤毫不相干，可魏忠贤竟借此机会封他的从孙魏鹏翼为安平伯，其侄子魏良栋为东安侯，年长的侄子魏良卿已被封公，所以就被加封为太师。魏忠贤又加封魏鹏翼为少师、魏良栋为太子太保，他手下的党羽爪牙也得到了相应的提升：崔呈秀为兵部尚书兼左都御史。唯独在前线浴血奋战的袁崇焕和部下将士们没有得到任何封赏。更滑稽的是，被封为都督、侯爵的魏鹏翼和魏良栋，竟还是在襁褓中的婴儿。

崇祯帝继位便诛杀魏忠贤，对前线抵抗后金的将士来说，无疑是个莫大的鼓舞。

崇祯帝继位之初的所作所为，让大明君臣看到了一丝中兴的曙光。不可否认，朱由检诛杀魏忠贤、重整朝纲的举动确实为明君之手笔。然而，此时的大明帝国已不单单是诛杀一个魏忠贤便可换来国泰民安的。与后金多年的征战已经耗尽了大明帝国的精血，朝中的党争更让自朱元璋以来的元气损失殆尽。崇祯帝所尽力支撑着的，不过是一个千疮百孔的破屋子罢了。纵使巾帼英雄与热血男儿齐齐上阵，也不过是勉力维持着这座腐朽的大厦。

袁崇焕怒斩毛文龙

昨夜营星色黯然,讣音忽向路人传。

但嗟韩信成擒日,不见蒙恬御敌年。

功业已沉沙碛雨,精灵犹锁海门烟。

好收战骨鸥夷里,归葬西湖岳墓边。

——明·吴惟英·《挽毛大将军》

崇祯二年六月初五（1629年7月24日），在双岛（位于辽宁省大连市金州区西南海中），一代名将、为保卫明朝奉献了毕生心血、被时人誉为"海上长城"的毛文龙，冤死在袁崇焕的尚方宝剑之下。

毛文龙自幼失怙，和母亲寄居在舅舅家中，从小过着寄人篱下的生活。正所谓寒门出孝子，白屋出公卿，毛文龙自幼便习文练武，弓马娴熟，能文善字。其舅舅沈祚曾任山东布政使，看到外甥如此出色，自然也极其器重，提拔他进入军队，担任都司。30岁时，毛文龙被调至山海关外。彼时正值后金兴起，与明军在关外展开激战。这给了毛文龙一个大展身手的舞台。

天启元年（1621年），毛文龙趁镇江（今辽宁省丹东市）兵力空虚之际，亲自率领200余人夜袭，一举攻陷镇江，并擒杀满洲贵族佟养真及其子佟松年等60多人，史称"镇江大捷"。这一仗沉重打击了后金在辽西的势力，一时间，辽西诸城相继归降明廷。而毛文龙也声名鹊起。先后被授予参将、副总兵、总兵之职。尽管镇江不久就被后金夺回，但毛文龙却趁机在鸭绿江口的皮岛建立起了据点，成为打入后金势力范围的一颗钉子。

镇江大捷之后，毛文龙利用皮岛驻军的便利，数次率兵攻入后金，收复大量失地。给后金的腹地造成了沉重的压力。在毛文龙的不断袭击和骚扰之下，后金局势动荡不安，大批本已经投降后金的城池又重新倒向明朝。

毛文龙深入敌后的游击战术，让努尔哈赤焦头烂额，无暇他顾，暂时放缓了扩张步伐。天启六年（1627年），后金军进逼宁远，毛文龙趁良机突袭永宁城，努尔哈赤只得回师盛京，宁远一役无疾而终。不久之后，努尔哈赤又亲征喀尔喀蒙古，满洲一时兵力空虚，毛文龙趁机麾兵大举进攻后金，并包围了距盛京只有不到二百里的鞍山，努尔哈赤惊慌失措，连忙回撤，但毛文龙此时又转移主力奇袭萨尔浒城，让努尔哈赤疲于奔命，应接不暇。

毛文龙的赫赫战功，让后金对他切齿痛恨。第二年，四大贝勒之一的阿敏率兵8万攻打朝鲜，史称"丁卯之役"。阿敏特意派济尔哈朗率5万大军进攻毛文龙驻守的铁山。重兵压境之下，铁山很快沦陷，毛文龙率主力突围，而全家老少370余口却不幸全部罹难。毛文龙抑制住悲痛，率兵进入朝鲜，追击阿敏亲率的3万骑兵，连战连捷，后又攻入辽东，给予后金沉重的打击。

毛文龙取得的一系列军事胜利有效地牵制了后金的兵力，遏制了后金蚕食辽西诸地的局势，其功绩得到了朝中高官的大力肯定和极高评价。

经略辽东兵部右侍郎兼右佥都御史熊廷弼曾言："管铁骑营加衔都司毛文龙，弃儒从戎，志期灭虏，设防宽缓，凡夷地山川险阻之形，靡不洞悉；兵家攻守奇正之法，无不精通，实武牟中之有心机，有识见，有胆略，有作为者，岂能多得！"

督理辽东军务大学士孙承宗不无感慨地说："文龙以孤剑临豺狼之穴，漂泊于风涛波浪之中，力能结属国，总离人，且屯且战，以屡挫枭酋。且其志欲从臣之请，牵其尾，捣其巢。世人巽软观望惴惴于自守不能者，独以为可擒与，真足以激发天下英雄之义胆，顿令缩项敛足者惭死无地。"

当时的右籍屯田主事徐尔一说了一番意味深长的话："辽左兴师十载，任东事者，如经略杨镐则丧师，袁应泰则陷城，熊廷弼则败逃，巡抚王化贞则失机，总兵刘𬭚则阵亡，马林则挫锋，其余不可胜述，而投清者亦不知几许，未有如毛帅开镇九年，护持两国，复城献俘者。"

工科给事中杨所修亦曰："东方自逆奴狂逞以来，唯一毛文龙孤撑海上，日从奴酋肘腋间撩动而牵制之。"

诸臣的短短数语，足见毛文龙抗清之功。那么，这样一位战功卓著的抗清将领为何却惨死于同族之手，而没能马革裹尸、死得其所呢？

中原与关外，早有商业往来，不过主要以陆路贸易为主，通过山海关，抵达辽西，再分散到关外各地；后金与明的战争爆发之后，陆路贸易陷于停顿，精明的商人们将目光转向了海上，通过渤海湾继续进行贸易。可是，为了防止后金通过商业渠道获得粮食、布帛、铁器、硫黄、炮硝、武器等物资，明政府索性断绝了与后金的商业往来，禁止出口上面提到的物资，也严令禁止在内地贩卖人参、毛皮等后金的土特产品。可是，官方的禁止并不能抑制人们对人参的需求，毕竟作为一种补品和药品，人参价值甚大。一时间，人参价格陡涨，供不应求。毛文龙尽管是一员忠心耿耿、智勇双全的大将，但他在个人修养方面却颇不检点。他所控制的环渤海湾一带，海运极其便利。毛文龙见有利可图，居然利用职务之便，组织关外农户采参，并以低价收购，再通过兵船运送到内地高价出售，牟取暴利。

此外，屡立战功的毛文龙也日渐滋生了居功自傲的情绪，他屡次向朝廷催要饷银，号称用兵20万，需军饷数百万两。这一数字让户部大臣也颇感头疼，他们怀疑其真实性，并向皇帝建议核查兵丁数量。新即位的崇祯批准了这一请求。然而让所有人大跌眼镜的是，最终核查出来的人数居然只有2.8万余人，比毛文龙提供的数字少了足足17万！这就不能不让生性多疑的崇祯皇帝在震惊于毛文龙吃空饷贪污腐败的同时，进而对他的忠心耿耿打上一个大大的问号了。

不久，袁崇焕出任兵部尚书兼右副都御史，负责蓟辽地区军务。书生意气的袁崇焕自然对毛文龙拥兵自重的行为看不过眼，决心整治他。上任不久，他就颁布条令，将朝廷运输军粮兵饷的权力收归蓟辽督师衙门，并更改了运输路线，避开属于毛文龙势力范围的登州、莱州，此外更进一步厉行海禁，彻底禁止私人船只通行渤海。这无疑彻底断绝了毛文龙的财路。

毛文龙对袁崇焕此举自然极为不满，他上奏崇祯帝，向皇上抱怨"诸臣独计除臣,不计除奴,将江山而快私忿,操戈矛于同室"。这话中又不免带了些恃宠而骄的意思。崇祯帝虽然满心不悦,但也只好下诏抚慰,并且驳回了袁崇焕的条令。虽然如此,但毛文龙并没有意识到,他的地位已经随着与袁崇焕的矛盾逐渐尖锐而变得岌岌可危了。

崇祯二年(1629年)五月,袁崇焕声称阅兵,来到皮岛。他随即要求毛文龙整顿军务,并准备收复镇江、旅顺,但这些原本合理的建议却被毛文龙一一拒绝。这让原本科举出身的袁崇焕动了书生意气,从而做出了一个不智的决定。

几日后,失去耐心的袁崇焕对毛文龙说:"余节制四镇,严海禁者,恐天津莱登,受心腹之患。今设东江饷部,钱粮由宁远运来,亦无不便。昨与贵镇相商,必欲取道登莱,又议移镇,定营制,分旅顺东西节制,并设道厅,稽兵马钱粮,俱不见允。岂国家费许多钱粮,终置无用?余披沥肝胆,讲至三日。望尔回头是岸,谁知尔狼子野心,欺诳到底,目中无我犹可,圣夫子英武天纵,国法岂能相容?"

说毕,袁崇焕向西请命,命令手下将毛文龙绑缚起来,除去了他的官帽和官服。倔强的毛文龙不肯就擒。于是袁崇焕又说:"尔疑我为书生,不知我乃朝廷一员大将。"随即颁布了毛文龙的十二大罪状:

> 祖制,大将在外,必命文臣监,尔专制一方,军马钱粮不受核,一当斩;
>
> 尔奏报尽欺罔,杀降人难民冒功,二当斩;

尔奏有牧马登州取南京如反掌语,大逆不道,三当斩;

每岁饷银数十万,不以给兵,月止散米三斗又半,侵盗军粮,四当斩;

擅开马市于皮岛,私通外番,五当斩;

部将数千人悉冒己姓,副将以下滥给札付千,六当斩;

剽掠商船,自为盗贼,七当斩;

强取民间子女,八当斩;

驱难民远窃人参,不从则饿死,九当斩;

拜魏忠贤为父,塑冕旒像于岛中,十当斩;

铁山之败,丧军无算,掩败为功,十一当斩;

开镇八年,不能复寸土,观望养敌,十二当斩。

——《明史·袁崇焕传》

毛文龙的部下大惊失色,纷纷叩头哀告,乞求袁崇焕网开一面。袁崇焕声色俱厉地对毛文龙部下嚷道:"毛文龙如此罪恶,尔等以为应杀不应杀?若我屈杀文龙,尔等就来杀我。"见袁崇焕一副混不吝的样子,文武百官自然也不敢答话,唯有伏地哀哀恸哭而已。就这样,一代名将毛文龙就惨死在袁崇焕祭出的尚方宝剑之下,余部被袁崇焕化整为零。

袁崇焕擅杀毛文龙引发了严重的后果。首先,后金从此少了一员劲敌。没有了后顾之忧的后金能够腾出手来专心致力于扩张战争。毛文龙死后仅三个月,就爆发了著名的己巳之变——后金大兵10万绕过长城,直逼北京城下。虽然危机最终在秦良玉等人的浴血奋战下解除,但经此一役,明廷官员却深刻认识到了毛文龙之死对明王朝的危害，并迁怒于袁崇焕的处置失当。刘宗周就曾上疏指出"己巳之变，坐误国者，袁崇焕一人。小人竞修门户之怨，异己者概坐以崇焕党"。

崇祯二年之后，清军大规模侵入河北山东等地，给当地百姓造成了严重的灾难；而毛文龙的部将孔有德、耿仲明、尚可喜等人更是对明廷心怀怨恨，在山东登州等地发动兵变，随后又投降后金，成为日后清军的重要力量。这恐怕是袁崇焕始料未及的。

更重要的是，崇祯帝虽然对毛文龙心怀不满，但他对袁崇焕擅自处死毛文龙的举动更不能认同。史载"帝骤闻，意殊骇"，但"念既死，且方倚崇焕，乃优旨褒答。俄传谕暴文龙罪，以安崇焕心"。袁崇焕恐怕自己也不知道这样的一个行为，竟然在崇祯帝的心中留下了专横跋扈的印象。果然在不久之后，袁崇焕也同样惨死，而大明王朝一连损失两员大将，其衰亡的速度大大加快了。

糊涂帝王自毁长城

袁崇焕虽然书生意气，擅杀毛文龙，但他仍不失为一员忠心耿耿、智勇双全的猛将。著名的宁远大捷就是在袁崇焕的指挥下取得的。面对小小的宁远城，后金甚至赔上了努尔哈赤的性命。然而宁远却始终未能攻克。面对这种状况，皇太极便动起了绕道进攻关内的心思。而袁崇焕对后金的这一计谋也早有预防。他曾经多次向崇祯帝上奏，指出"蓟门单弱，敌所窃窥。臣身在辽，辽无足虑，严饬蓟督，峻防固御，为今日急着"，要求加强对河北其他前线地区的防御。但这一建议并没有得到崇祯帝的充分重视，甚至袁崇焕派出的援军也被遣还。就在这时，皇太极开始行动了。

崇祯二年（1629年）十月，皇太极亲率10万大军绕道内蒙古，越过喜峰口攻入长城，兵分三路，进入河北一带，包围遵化。毫无防备的北京城顿时直接暴露在后金的铁蹄之下。袁崇焕得此噩耗，"心焚胆裂，愤不顾死"，连忙率军星夜兼程返回北京勤王救驾。彼时，后金军已攻陷多处隘口，准备进攻通州。但袁崇焕用兵神速，竟然抢在后金军之前返回通州，准备守城战。皇太极得知这一消息，大惊失色，以为山海关的通路已经被明军严密封锁，无奈只得放弃通州，向西进攻北京。

后金军围困北京原本只是被迫无奈的权宜之举，然而却歪打正着地点中了明廷的死穴。大惊失色的崇祯帝连忙调集兵马进京护驾。袁崇焕也没有料到皇太极竟然会棋高一招，只好亲率九千骑兵赶赴京师。眼看兵凶战危，袁崇焕竟然忘记了明廷祖制"非禁卫军不得入京畿"，率兵直抵广渠门外并就地扎营。由于袁崇焕治军有方，赏罚分明，士兵战斗力和士气都十分高涨，在广渠门外与清军大战一日，暂时击退了后金军的围城态势。

见战不下袁崇焕，后金军便退至京郊一带，肆意烧杀抢掠，企图以此激怒袁崇焕兴兵进攻，孤军深入。不料袁崇焕虽然对此不予理睬，但朝内不少官员却纷纷中计。他们的田宅庄园大多在城外，后金军此举让其大受损失，痛心疾首之余也将一腔邪火转移到了袁崇焕身上，认为正是其处置失当，才让后金军兵临城下。更有甚者，将此事与毛文龙的死联系起来，居心可谓颇为险恶。

袁崇焕尽管身处如此不利局面，却依然不为所动，坚持战斗。数日之后，后金军又卷土重来，在左安门一带展开攻击。在袁崇焕的抵抗下又是无功而返，反而被明军的火枪手夜袭得手。

袁崇焕组织的几次战斗，给明王朝赢得了喘息的时间。各地勤王保驾的军队纷纷赶到，在数量上对后金军也形成了优势。皇太极见势不妙，便决定将袁崇焕先行除掉，为此假意做出退兵议和的姿态，暗中却定下了一条毒辣的"反间计"。

不少史书中都记载了这条"反间计"的过程，例如《明史·袁崇焕传》是这样记载的："会我大清设间，谓崇焕密有成约，令所获宦官知之，阴纵使去，其人奔告于帝，帝信之不疑。十二月朔再召对，遂缚下诏狱。"

《明通鉴》的描写则更为详细：

> 先是大军获宦官二人，令副将高鸿中等守之。太宗文皇帝因授密计，鸿中等于二宦官前故作耳语云："今日撤兵袁巡抚有密约事可立就矣。"时杨太监伴卧，窃闻其言，纵之归，以所闻告于上。上遂信之不疑，再召见崇焕及大寿于平台，诘崇焕以杀毛文龙之故，责其援兵逗留，缚付诏狱。

《大清实录》中亦有相似的记载：

> 先是获明太监二人，付与副将高鸿中参将鲍承先宁完我榜式达海监收。至是回兵，高鸿中鲍承先遵上所授密计，坐近二太监作耳语云："今日袁巡抚有密约，此事可立就矣。"时杨太监者伴卧窃听，悉记其言。庚戌，纵杨太监归，杨太监将高鸿中鲍承先之言详奏明帝遂执袁崇焕下狱。

以上两条记载大同小异，由此观之，应该是皇太极指使后金军官讨论关于袁崇焕通敌卖国的虚假消息，又故意让被俘获的太监听到，并假意疏忽让其逃跑。太监自然将这些虚假消息带回给崇祯帝，使崇祯帝对袁崇焕谋反深信不疑。

为了加强这条计策的效果，皇太极还耍了一个小小的花招。在之前的战斗中，后金军故意使用之前缴获的袁崇焕所部使用的箭矢作战，射伤了明军将领满桂。可以想象，满桂在治疗箭伤时，发现箭头居然是袁崇焕部的，心中该做何感想。再加上满桂是蒙人，生性憨直，根本想不到是皇太极做的手脚，反而坚决认为是袁崇焕陷害自己，便进宫对崇祯大叫大嚷，要求公道。

后金的计策可谓阴险毒辣，而此时朝廷内的一部分阉党余孽对袁崇焕不满，便趁机大肆给袁崇焕泼污水，造谣说他通敌卖国。如此种种事情同时发生，确实让人几乎不得不相信袁崇焕的谋反行为证据确凿。当然，倘若遇到的皇帝是雄才大略、用人不疑之辈，则事情尚有转机；不幸的是，崇祯帝是著名的刚愎自用、生性多疑之辈。崇祯自认为"朕非亡国之君，臣皆误国之臣"，把身死国灭的责任一股脑推到臣下身上。他在位17年，换了50个大学士、14个兵部尚书，先后杀死督师与总督10人、巡抚11人。虽然不能说他昏庸无能，却也称不上有道明君。原本因为毛文龙之死，他就对袁崇焕心存芥蒂，如今有大量"证据"显示袁崇焕是"汉奸"，他自然更是深信不疑了。

可叹袁崇焕对于此事一无所知，还在积极准备对后金的作战；而那厢崇祯皇帝却早已准备动手了。崇祯二年十二月初一，崇祯帝声称要商议军饷筹集之法，将袁崇焕等人召至宫中。全无防备的袁崇焕甫一进宫，便被锦衣卫拿下。崇祯帝严厉斥责袁崇焕，历数他种种"罪恶"，并将他投入锦衣卫大牢，其所有职务移交满桂等人管理。袁崇焕所部闻此噩耗，几乎哗变；其得力干将祖大寿干脆率袁部返回了山海关。

皇太极见诡计得逞，立刻回兵卢沟桥，与明军在永定门大战数日。没有了袁崇焕的指挥，明军明显不是后金军的对手。高级军官或战死殉国，或被生擒活捉，后金军一鼓作气突破了明军的防守阵地，攻到了北京城下。恼怒的崇祯帝干脆又杀了兵部尚书王洽，但

141

这对于改变危机的局势丝毫于事无补。

在这危在旦夕的时刻，又是袁崇焕将个人待遇置之度外，给祖大寿手书一封，要求他放下儿女情长，以国家大局为重，回兵与后金作战。祖大寿得此书信，深为袁崇焕所感动，便回兵京师，重新击退了后金军的攻势。

此时，各地的勤王军队也纷纷与后金军展开了激战。在秦良玉等军的共同作战下，后金军死伤甚众，皇太极无奈，只好撤军。祖大寿、秦良玉等部乘胜追击，杀死杀伤清军无数。北京保卫战算是以明军的全面胜利告终。

祖大寿因其战功被崇祯帝大加封赏，但奇怪的是，对于袁崇焕，崇祯帝却没有任何的表示，他不仅不领袁崇焕召唤祖大寿的情，相反还奇怪地认为，大明朝文官武将人才济济，没有你袁崇焕，我崇祯一样可以平定天下。如果说，这之前他还心存一丝无人可用的忧虑的话，那么在后金退兵以后，他反而坚定了诛杀袁崇焕的决心。

一两银子一片的忠臣肉

崇祯三年八月五日，崇祯帝凌迟处死袁崇焕之心已决，诏谕廷臣："崇焕擅杀，逞私谋款，至敌欺藐君父，失误封疆"，"限刑部五日内具奏。"八月十六日，中秋节刚过，崇祯皇帝先是在乾清宫暖阁召见辅臣成基命等，而后又在平台召见内阁、五府六部、都察院、通政司、大理寺、翰林院、科道掌印官及锦衣卫堂上官等文武大臣，宣布了袁崇焕的九大罪状：

> 袁崇焕咐托不效，专恃欺隐，以市米则资盗，以谋款则斩帅，纵敌长驱，顿兵不战。及至城下，援兵四集，尽行遣散。又潜携喇嘛，坚请入城。
>
> ——《明史·袁崇焕传》

此时的崇祯也不忘展示一下他作为皇帝的"仁慈"，假惺惺地说："种种罪恶，命刑部会官磔示。依律家属十六以上处斩，十五以下给功臣家为奴。今止流其妻妾子女及同产兄弟于二千里外，余俱释不问。"

紧接着，崇祯皇帝宣布了他的最终决定："依律磔之！"并迫不及待地命令刑部侍郎涂国鼎前去西市监斩。当日午时，"风霾昼闭，白日无光"，袁崇焕被押赴北京西市，以惨无人道的"磔刑"处死，时年46岁。袁崇焕在临刑前仰天长叹：

一生事业总成空，半世功名在梦中。

死后不愁无勇将，忠魂依旧守辽东。

后人每览于此，未尝不临文嗟悼，不能喻之于怀。

崇祯皇帝对袁崇焕早就动了杀心。袁崇焕被凌迟处死后，崇祯皇帝仍不解气，便下诏给袁崇焕加上了更大的罪名：袁崇焕"谋叛欺君，结奸蠹国。斩帅以践虏约，市米以资盗粮。既用束酋，阳导入犯，复散援师，明拟长驱，及戎马在效，屯兵观望，暗藏夷使，坚请入城，意欲何为？致庙社震惊，生灵涂炭，神人共忿，重辟何辞！"仅仅过了17天，崇祯皇帝又在诫谕廷臣时，将袁崇焕的"罪名"进一步提高到了"通虏谋叛"的地步："袁崇焕通虏谋叛，罪不容诛。尔廷臣习为蒙蔽，未见指摘，今后有朋比行私、欺君罔上者，三尺具在。"

依照《大明律》的规定："谋反""谋大逆"者，不管主从犯，一律凌迟，祖父、父、子、孙、兄弟及同居的人，只要满16岁的都要处斩。可见崇祯帝只有将袁崇焕以"通敌谋反"定罪，自己才能不背上冤杀忠良的骂名。只可惜事与愿违，当初袁崇焕蒙冤入狱之时，朝野为之震动，一些直言敢谏之士迅速行动起来，争相谏疏，为袁崇焕辩白。

在辽东将领中，祖大寿是营救袁崇焕最"给力"的一员，曾请求削职为民，以自己的官阶赠荫换取蓟辽督师袁崇焕的性命，但崇祯帝不准。在袁崇焕谋反案的审理过程中，东阁大学士兼礼部尚书成基命一直持保袁的态度，年逾古稀，还向崇祯帝叩头，力谏"临敌易帅，兵家所忌"，"敌在城下，非他时比"，哭着请求皇上明察，慎重处置，崇祯帝拒不纳谏。官拜礼部尚书兼东阁大学士、参机务的周延儒也连连上疏，力保袁崇焕，崇祯不听。给事中钱家修冒死上《白冤疏》，"为督师蒙不白之冤"，历数袁崇焕六大冤情，称其"义气贯天，忠心捧日"，"甘同诛之罪。伏祈皇上骈斩臣头以励忠臣，以成义士"。御史罗万寿因申辩袁崇焕无罪，被削职下狱。布衣程本直上《白冤疏》为袁崇焕鸣冤，竟被处死。

在袁崇焕下狱的大半年时间里，关外将士、百姓几乎每天都到巡抚孙承宗的官廨或者居所，为袁崇焕鸣冤叫屈，愿意代袁崇焕受死的人更是不计其数。但杀意已决的崇祯帝对此无动于衷，他刚愎自用，用人多疑，只信内臣，不信士流。为袁崇焕请命的朝臣、士大夫均遭诘责，他们中的大多数或下狱，或遭贬谪，更有甚者被处以极刑。袁崇焕屡屡辩白称自己无罪遭陷，欲杀之而后快的崇祯帝对其更是置若罔闻、熟视无睹。此时的崇祯帝，出于某种原因，已急欲将袁崇焕处死以了却心病。

可怜一代名将，倾尽毕生心血与精力来保卫国家，最后却被扣上了"通虏谋叛""擅主和议""专戮大帅""市米盗资"等罪名而被"诏磔西市"。服刑之惨状，令人毛骨悚然。

更可悲的是当时北京城中的百姓不明真相，对皇帝的说辞信以为真，认为袁崇焕投敌叛国，一个个都对其恨之入骨。据《石匮书》所载，"见磔崇焕，时百姓将银一钱买肉一块，如手指大，啖之。食时必骂一声，须臾，崇焕肉悉卖尽""皮骨已尽，心肺之间叫声不绝，半日乃止。再开膛出五脏，截寸而沽。百姓买得，和烧酒生吞，血流齿颊"。

袁崇焕被冤杀后，弃尸于市，其部下余姓义士深感袁崇焕之大义，"夜窃督师尸"葬于广渠门内广东义园，并让后代世代为袁守墓。但面对此桩千古奇冤，袁崇焕至死莫白，直到乾隆四十七年才真相大白，得以昭雪。后人为纪念袁崇焕，先后修建了祠和墓。祠的前廊两端及室内墙壁上嵌有《重修明督师袁崇焕祠墓碑》等石刻，屋檐下是"明代先烈袁督师墓堂"的匾额。袁崇焕手书"听雨"石刻嵌于墙上。墓前立有清道光十一年湖南巡抚吴荣光题写的"有明袁大将军之墓"石碑及石供桌，坟侧小丘为余姓义士之墓。

清朝的康有为曾为"有明袁大将军墓"题了一副对联："自坏长城慨今古，永留毅魄壮山河"。多少遗恨、多少不甘、多少壮志豪情、多少哀叹惋惜，都在这副对联中了。《明史·袁崇焕传》称："自崇焕死，边事益无人，明亡征决矣。"袁崇焕一死，明朝亡国已经是不可逆转的局势。

崇祯虽然自己认定"朕非亡国之君，臣皆误国之臣"，但他的行为真是自毁长城，令忠臣寒心。即使他连发"罪己诏"，也避免不了众叛亲离的下场。

第五章
轮番上场唱主角

公元1644年，一年天崩地裂，一岁日月新天。短短的三百六十天，三个朝代在其中更迭，三位帝王在这年坐上龙椅；两位君王称帝，两顶皇冠落地。1644年，上演了历史的轮回。当崇祯帝自缢煤山的那一刻，当吴三桂冲冠一怒的那一时，历史的命运，就已经注定。

君王有罪无人问

京师，万岁山，东方未明。

在大顺兵因搜索而掀起的一片嘈杂声中，崇祯皇帝朱由检带着一身的血迹，在内府太监王承恩的搀扶下踉跄着脚步，来到了寿皇亭（今景山公园三间房）旁。

眼望山下的大顺兵如蝼蚁一般蜂拥而上，崇祯心知大限已到，也不做他想，在王承恩的帮助下最后一次整理好衣服，然后摘下皇冠，披散开头发遮住脸，仰天长叹。手握亭梁上垂下的三尺白绫，突然有了一种解脱的感觉……

王承恩跪望"以发覆面，白袷蓝袍白细裤，一足跣，一足有绫袜"，自缢于亭上的崇祯皇帝，大放悲声，旋即，亦在崇祯的对面自缢。

这一天，是崇祯十七年，永昌元年，顺治元年，公元1644年3月19日。

巍巍万岁山，密密接烟树。

中有望帝魂，悲啼不知处。

——清·樊彬·《燕都杂咏》

崇祯皇帝自缢之处，至今尚无定论，是故有樊彬"悲啼不知处"之说。流传最广泛的说法就是其自缢于煤山，亦即万岁山的民间俗称，也就是今天的景山。之所以被民间称为煤山，是因为景山下边堆过煤；又因为传说该山压住了元朝的龙脉，而俗称镇山。综合各种史料来分析，虽其中略有差异，但大致上也可以认为是在此处了。

最大的疑问是，崇祯皇帝朱由检所自缢的那棵树是什么树。流传最广的说法是槐树，而据正史显示，崇祯皇帝是自缢于寿皇亭中而非树上：《明实录·崇祯实录》卷十七记载："（崇祯）登万岁山之寿皇亭。俄而上崩……"《明史·流贼传》云："以帛自缢于山亭，帝遂崩。"《明史纪事本末》卷七十九亦说："逐仍回南宫，登万岁山之寿皇亭自经。"另有几部野史也如此记载。但在赵士锦的《甲申纪事》中记载："得先帝遗弓于煤山松树下，与内监王承恩对面缢焉。"《明孝北略》卷二十云："崇祯……自尽于亭下海棠树下。"《三垣笔记》则曰："遂同承恩对缢煤山古树下。"松树、海棠树、古树……总之是没提到槐树。事实上，崇祯皇帝应该是自缢于寿皇亭中而非树上。据《明史》记载，李自成的大顺军是在崇祯自尽之后的第三天才发现他的尸体的。若是自缢于树上，那么多的士兵都搜不到，不符合常理。只有崇祯自缢于一个隐蔽之所，才有可能让李自成在三天之后方找到他。

实际上，自缢槐树一说出自清军入关之后。崇祯自缢之后，多尔衮是以剿灭逆贼李自成的名义而入主紫禁城的。为了进一步巩固群众基础，笼络民心，于是，他对崇祯皇帝的死表示惋惜，特意在景山上找了棵槐树，并将之称为"罪槐"，树身加以铁索，并立碑供民间悼念。虽然这棵槐树几经战乱、数度毁于战火，但人们总是在原址处再植新株，而这棵"罪槐"也一直背负着沉重的罪名，直至今天。

"罪槐"前曾书有一副对联，联曰："君王有罪无人问，古槐无过受锁枷。"

此联可谓恰如其分地指出了令明王朝灭亡的罪魁祸首是谁，正是崇祯皇帝、明思宗朱由检。诚然，自万历十五年之后，大明之灭亡已成定局，只不过是时间的问题，但崇祯帝即位后的所作所为，却加速了本已风雨飘摇的明王朝的倒下。

明朝崇祯帝即位后，诛灭客、魏，一时颇有重振朝纲、挽救危亡之势。但是，魏忠贤失败后，阉党仍企图操纵朝政，长期延续的党争并没有消除。加之崇祯专擅自用，对文臣多有猜疑，对武将任意杀戮，屡斩败将，臣下为保住脑袋多求避祸，少有谏言。统治集团长期动荡，上下官员贪贿风行，军兵日益虚溃。

朱由检惯用的伎俩就是用小动作掩人耳目，他最勇敢的事是杀人。他发脾气时，像一头挣脱了锁链的疯狗，人性和理性全失。一个城市沦陷，就把守城的将领杀掉。

他对饥饿的武装群众也恨入骨髓。有人向他提及饥馑和官员乡绅贪暴，他就发怒，发怒的原因是他无法解决，所以他不愿听到。不过他却相信小动作可以帮助他，确信仅虚心假意地表演一下就能掩盖天下人的耳目，所以他不断地宣布"避殿""减膳""撤乐"，不断地声言流寇也是他最亲爱的赤子，不断地下令要政府官员自我检讨。有一次还把宰相们请到金銮殿上,向他们作揖行礼,说:"谢谢各位先生帮助我治理国家。"然而不久就大发雷霆,把他谢过的"各位先生"杀掉了。

朱由检性格急躁,好大喜功,并且认为重刑是促使部下创造奇迹的动力。但有才干的部下又使他如芒刺在背,他只能用宦官型的恭谨无能之辈,只有在这种人面前,他才心情愉快。朱由检常叹息他无缘得到岳飞那样的将领,其实,恰恰相反,他已得到了一位"岳飞",那就是袁崇焕,结果却用冤狱酷刑对待他。

即使他在死之前都不忘记用小伎俩掩人耳目,他在自缢之前留下这样一份遗书:"朕凉德藐躬,上干天咎,然皆诸臣误朕。朕死无面目见祖宗,自去官冕,以发覆面。认贼分裂,无伤百姓一人!"

意思是说:虽然由于我品德不好,上天才降下亡国惩罚,但也是群臣误我。我死后无面目见祖宗于地下,所以我脱去了龙袍皇冠,用头发挡住脸。任凭逆贼割裂我的尸体,请不要迁怒于百姓,不要妄杀一个无辜。

这份遗书可能是后人伪造的,也可能是真的,它充分显示了朱由检用小动作掩人耳目的伎俩。他把失败的责任一股脑儿推到别人身上,自己责备自己品德不足,并不是真心地承认错误,而只是用以烘托群臣的罪恶。问题是,群臣中没有一个人出于民选,全部由朱由检任用,不知道他为什么专挑选一些"误他"的人当他的政府官员?朱由检要求"逆贼"不要伤害人民,他也知道"逆贼"不会听他的。这种廉价的文章,不过企图留下他非常慈悲的印象罢了。

崇祯死了,大明王朝不复存在;三尺白绫,悬起汉民族最后一个封建王朝在中原统治的句号。朱由检为他的刚愎自用买单,却用整个帝国来为他陪葬。

　　与此相反的是李自成的大顺政权。自李自成起兵以来，始终打的是"高筑墙、广积粮、缓称王"和"迎闯王、不纳粮"的口号，为其赢得了广大备受乱世折磨之痛的农民的拥护，这也是其能迅速打出一片江山的原因之一。然而，农民起义军始终存在着它的局限性。李自成在紫禁城仅仅坐了42天的龙椅，便带着无限的惆怅离开了紫禁城。而导致这一切发生的，是大明王朝最后一支精锐部队的将领——吴三桂。

戛然而止的吴陈姻缘

吴三桂降清后，文人对之讽刺不绝，其中最著名的莫过于明末清初时期的大诗人吴梅村曾写过的一首《圆圆曲》。诗中有这样一句："恸哭六军俱缟素，冲冠一怒为红颜！"谁能想象，男女之间的爱情纠葛竟会给本已波谲云诡的大明王朝增添如此重大的变数与冲击？刀光剑影、风雨飘摇，任何一种看似偶然的事件都可能影响和改变一个王朝的走向与发展，甚至决定这个王朝的去留。当我们以一种平和的心态回望这段发生在380多年前的历史，除了扼腕叹息外，更多的是一种发自内心深处的惆怅与无奈。而吴三桂也偶然地成为了拨动历史琴弦的人，弹奏了一曲大明王朝的挽歌……

吴三桂的父亲吴襄是天启二年的武进士。在明末那段动荡的岁月里，吴襄原本平静顺利的生活也被后金对关外的不断侵扰打碎了。身为武进士，自然不能眼睁睁看着敌寇进攻，于是吴襄便在辽西一带办起了团练，抵抗后金的入侵，居然颇有成效，因此被明廷授予辽东团练总兵一职。吴襄战功卓著，声名赫赫，享有"辽右巨臂"的美称。因此与明廷的一些抗金名将交情莫逆。吴襄把自己的妹妹嫁给了袁崇焕的部下名将祖大寿，而自己又娶了祖大寿的妹妹。吴三桂就是在这样的家庭中出生长大，算得上将门虎子，从小眼所见、耳所闻的都是军事征战，久长日久，耳濡目染，吴三桂自然也不甘落于人后，自幼习文练武，"终日无惰容"。在父亲和舅舅的关照和提携之下，吴三桂16岁时就中了武举人，并以战功和恩荫受封都指挥之职，可谓少年得志，升迁迅速。

崇祯二年十月，皇太极亲率10万大军绕道蒙古，由喜峰口攻陷遵化，直逼京师。不久，在朝廷的命令下，祖大寿率兵回救京师，不料在建昌和后金军突然遭遇。吴襄彼时正率领五百骑兵出城侦察，不料被狡猾的后金军团团包围，形势非常危急。

吴三桂得此噩耗，连忙向舅舅祖大寿请求出兵，为父亲解围。祖大寿用兵慎重，他担心这可能是皇太极的围城打援之计，因此不敢轻易出兵，只是告诉吴三桂："吾以封疆重任，焉敢妄动！万一失利，咎将安任？"

吴三桂知不可强求，大哭而去。他又救父心切，于是不顾舅父祖大寿的阻拦，亲率数十家骑出城，奋不顾身地杀入敌阵，和后金军展开肉搏战，成功地救出了父亲吴襄。吴三桂此举可以称得上无愧于"忠孝"二字。能在千军万马中成功救父，这份勇气和魄力不仅让明朝的官员们看得目瞪口呆，就连皇太极也对吴三桂赞不绝口。自此，吴三桂单枪匹马舍身救父的事迹传遍了大江南北，有"勇冠三军、孝闻九边"的美誉。

崇祯四年（1631年），皇太极展开大凌河之战，率军猛攻祖大寿镇守的大凌河城。祖大寿兵力屈于劣势，不得不困守城中。在明廷的督促下，明将孙承宗组织人马出关来到锦州，与后金军展开战斗。吴襄在增援大凌河的战斗中因逃跑而导致明军全军覆灭，迫使孤立无援的祖大寿投降后金，孙承宗也受牵连而遭罢官，吴襄因此下狱。但吴三桂仍然被朝廷留在军中供职，崇祯皇帝擢拔他为辽东总兵官，镇守山海关。

吴三桂的部队继承了关宁铁骑的优良传统，训练有素，战斗力强，堪称是明末唯一可以依赖的部队；而吴三桂本人作战也极其英勇，"每逢大敌，身先士卒，绞杀虏级独多"。在随后发生的松山、杏山等战役中，吴三桂所率兵马都"胆勇倍奋，士气益鼓"，"凡三战，松山、杏山皆捷"。

崇祯十二年七月，吴三桂因功升任宁远总兵，开始替明朝守护关东大门。边城宁远，乃山海关外之重镇，是抵御后金军入关的重要防线。吴三桂到任后，训练士兵，重修武备，在很短的时间内就训练出能骑善射的精兵4万余人。他又挑选敢死之士，将他们训练成自己的亲军。

此时的大明王朝处于风雨飘摇之中，随时都有倒塌的危险。有人说，明朝的灭亡和一个女人有着莫大的关系，红颜祸水，她自难辞其咎。多少年来，她都背负着误国误君的骂名，她就是色艺双绝、名动江南的陈圆圆。

陈圆圆出身贫苦，原姓邢，名沅。母亲在她很小的时候就去世了，为了过活，父亲便把她送给了她的姨妈。姨妈对陈圆圆很好，视如己出，于是，她便改姓陈。陈圆圆从小就接受了良好的私塾教育，加之自身的聪明、勤奋，很快就学会了读书、写字，而且陈圆圆从小就受到了戏迷姨夫的影响，耳濡目染，练就了一副好嗓子和柔美的身段。

后来姨妈家也因为经营不善而家道中落，正是因为这个原因，年仅10岁的陈圆圆被迫卖身沦为歌伎，被送到了一个戏班学习唱戏。不久之后，18岁的陈圆圆就凭借她姣好的容貌和唱功一举成为了苏州城中大红大紫的歌姬，以至于她一出场，观众就被其声色所惊艳，销魂落魄。

吴三桂与陈圆圆的相遇不得不提到一个人，这个人就是崇祯皇帝的岳父，当朝国丈田弘遇。田弘遇一生最值得骄傲的事就是生了个好闺女。崇祯皇帝十分喜欢田贵妃，她可以称得上是集三千宠爱于一身。女儿受到皇帝的宠幸，身为国丈的田弘遇自然也跟着沾光，赐官拜爵，享尽荣华富贵。但好景不长，田贵妃罹患重症，崇祯命御医不惜一切代价抢救。得知女儿病重的消息，田弘遇坐卧难安，他倒不是担心女儿的病情，而是担心好不容易到手的荣华富贵就此化为泡影。毕竟人走茶凉，没有了女儿的受宠，自己的前途也就堪忧了。思前想后，田弘遇想出了一个计策，在人间天堂的苏州替皇帝再选几个美女，以防女儿如有不测时，可以有人在皇帝面前替他美言几句。

打定主意后，田弘遇便借口安置先人遗骨向皇上请假，返回苏州老家。苏州的老百姓一听说有人来选秀，但凡家有漂亮姑娘的人家就开始行动起来，找媒婆替自家姑娘说媒。色艺俱佳且声名远播的江南第一美女陈圆圆自然是难逃田弘遇的法眼，他用尽各种手段逼迫陈圆圆就范。不知如何是好的陈圆圆急忙去找冒辟疆商量对策，但是冒辟疆竟然闭门不见，想到自己深爱之人在关键时候犹如缩头乌龟，不敢挺身而出，怅惘、悔恨之余，陈圆圆也只能是日夜以泪洗面。最终，心灰意冷的陈圆圆也不得不跟随田弘遇北上进京。

此时的大明王朝可谓是内忧外患。内有李自成的起义军风起云涌，外有皇太极的后金八旗铁骑步步紧逼。焦头烂额的崇祯皇帝根本就没有心情也没有时间去宠幸美女，他要处理的军国大事足以压得他喘不过气来。所以作为献礼的陈圆圆自然也被崇祯皇帝退了回来，暂住于田弘遇的府中，成了田弘遇的歌姬。

崇祯十六年（1643年）初，李自成攻下了洛阳，明廷震惊。一时间人心惶惶，个个自危。明朝的权贵富贾们更是万分惶恐，担心农民起义军攻占北京后，自家的性命难保。而此时的田贵妃已经香消玉殒，崇祯皇帝对他的岳父田弘遇也是爱答不理，人走茶凉。受到崇祯冷遇的田弘遇又开始在心中盘算起来，寻找下一个可以依附的目标，为自己的退路而精心谋划着。很快，他就将目标锁定在手握重兵、替天子守国门的宁远总兵吴三桂的身上。此时的吴三桂可谓是皇帝所倚重的对象，肩负着支撑和守护明朝国祚的重任。

这年秋天，陈圆圆和吴三桂在田弘遇的精心安排下邂逅了。一天，田弘遇设酒席邀请吴三桂到府中赴宴，不知是计的吴三桂欣然前往。酒过三巡之后，田弘遇唤出了陈圆圆，叫她歌舞助兴。醉眼迷离的吴三桂看到了国色天香的陈圆圆后竟然呆若木鸡，连手中的酒杯也跌落地上，目瞪口呆地望着眼前的佳丽。吴三桂彻底为陈圆圆的美貌所倾倒，高兴地邀请陈圆圆陪侍左右。不料此时城中的警报竟突然鸣响，于是田弘遇便故作惊慌，借机对吴三桂说："倘若以后敌军攻入城中，我等该如何是好？"不加觉察的吴三桂脱口而出："你把这个美女送给我吧，我一定保证你们全家的安全。"这句话正中田弘遇的下怀。

吴三桂和陈圆圆在一起看似是各取所需的政治联姻，然而他们的感情却非常好。在明朝太监王永章所写的《甲申日记》一书中曾有关于两人感情的记载：吴三桂离开北京后，给父亲吴襄写了若干封信，每封书信上都提到了陈圆圆。第一封书信中说："告知陈姬，儿身甚强，嘱伊奈心。"第二封书信中说："陈姬安否，甚为念！"第三封书信是在得知父亲吴襄让陈圆圆骑马赶赴山海关后所写，吴三桂对此事表示出强烈的忧虑："如此轻年小女，岂可放令出门？父亲何以失算至此？"吴三桂竟然因为担心陈圆圆的安危而责怪父亲，可见其对陈圆圆用情之深。

然而边事重大，身负国家重任的吴三桂不得不与心爱的陈圆圆告别，率领亲兵日夜兼程赶回边关，防止虎视中原的后金军乘虚而入。然而，他还是晚了一步。

草根皇帝不靠谱

山海关前,满目素白。

5万明军将士尽着白盔白甲,举白旗扬白幡,整齐而肃穆地面向西南方。队列前,吴三桂摆起香案,焚香致祭,伏地恸哭。霎时间,悲声大作,5万将士整齐划一地跪倒在尘埃中,为六百里外的崇祯帝致哀。只是此时,距离崇祯自缢已经过去了20多天。

> 鼎湖当日弃人间,破敌收京下玉关。
> 恸哭六军俱缟素,冲冠一怒为红颜。

吴梅村(即吴伟业,字骏公,号梅村,后人常以号称之)一首《圆圆曲》,让后人记住了这位"冲冠一怒为红颜""英雄无奈是多情"的吴三桂,也记住了这位引清入关、镇压农民起义军的"汉奸"。

世人传说,吴三桂在北京城破之后便有向李自成屈膝投降的打算。在给他困于北京城中的父亲的一封信里,吴三桂写道:"接二十日谕,知已破城。欲保家口,只得降顺。达变通权,方是大丈夫。"

这就是说，吴三桂得知北京城被李自成攻破之后，并没有考虑去为崇祯皇帝报仇，再造大明王朝，而是为了保全一家老小的性命，已经打算向李自成屈膝投降了。然而当他得知爱妾陈圆圆被李自成所掳之后，"拔剑砍案曰：'果有事，吾从若耶！'"也不再顾老少性命，又修书一封给其父："儿以父荫，待罪戎行，以为李贼猖狂，不久即当扑灭，不意我国无人，望风而靡，侧闻圣主晏驾，不胜眦裂，但喜吾父奋拳一击，痛不欲生，不则刎颈以殉国，何乃隐忍偷生，训以非义，既无孝宽御寇之才，复愧平原骂贼之勇。父既不能为忠臣，儿安能为孝子乎？"

信中说得冠冕堂皇，但与上一封家书相比，态度是一百八十度大转变，全然忘了几日前的寻求归顺之语。

然而，《圆圆传》虽然写得有鼻子有眼，但终究是小说家言。吴三桂虽是一位武将，却不是一介武夫，作为夹在李自成和多尔衮之间的第三方力量，他手里握有明王朝最后一支精锐部队，无论倾向哪一方都有可能决定历史的走向。这是吴三桂心知肚明的，也是李自成和多尔衮竞相争取他的原因。在如此重大的问题面前，吴三桂怎么可能因为一个女人就决定自己的方向？

吴三桂之所以会在最后关头选择降清而非降顺，与陈圆圆无关，而是因为李自成的关系。

李自成的大顺军进入北京、逼死崇祯之后，入主紫禁城。按理说，"建国"肇始，他应当犒赏将士，大封功臣，然而多年来的征战让其囊中羞涩，唯有就地取"财"。对崇祯之吝啬，李自成也略有耳闻，本以为皇宫中堆金积玉，然而把整座紫禁城翻了个底朝天，也只在大内府库中搜到黄金17万两、白银13万两。他顿时大感失望，也大感愁闷：手中无钱，宫内无财，这当如何是好？

天无绝人之路。刘宗敏、李过等人想出了个好主意：既然是宫里就应该有财宝，之所以不翼而飞，那一定是被宫中之人所窃取了。下一步应该做的就是"追赃"。

李自成深以为然，下令"追赃"。第一个将"赃款"上交大顺军的是大太监曹化淳，此人一出手便是白银五万两，着实让李自成兴奋了一下。但区区5万两白银对大顺政权来说只是杯水车薪，要想填满这个财政漏洞，还得需要更多的人来"自愿"献财。

崇祯十七年（1644年）三月二十日，刚被封为"宰相"的牛金星发布文告：

> 仰明朝文武百官，俱于次旦入朝。先具脚色手本，青衣小帽，赴府报名，愿回籍者，听其自便。愿服官者，量才擢用。抗违不出者，罪大辟。藏匿之家，一去连坐……
>
> 贼（李自成）先差人赴五府六部，并各衙门，令长班俱将本官报名，因此无一人得脱。

次日一大早，文武百官便在宫门口等着，就算是挨打受辱、忍饥熬饿也是敢怒而不敢言，老老实实地坐在地上等着李自成接见。好容易等到承天门打开，李自成却没等手拿百官花名册的牛金星点完名，便和刘宗敏起身离去。没过多大一会儿，便传来命令："把明朝的这些犯官全都绑起来送到刘宗敏将军的府邸，听候发落。"

然而，刘宗敏对文武百官根本不审不问，只是放下话来："根据官职大小向朝廷捐献银子，一品官一万两白银的底限，其余的各按品级捐献。头脚交够银子，后脚就放人；要是藏着银子不交，那就大刑伺候。"

一时间,北京城成了前明官员的地狱,四九城里满是狂舞的棍杖,更兼之刘宗敏等人为了敛财无所不用其极,炮烙挖眼、挑筋割肠,种种残酷的刑罚全被用到了这些一直养尊处优的前明京官身上。北京城内前明官员的悲号之声延绵数日,不绝于耳。更有那最早投降的明朝国戚、襄城伯李国桢,大学士魏藻德等一干人众被酷刑折磨致死。在前明翰林院这个清水衙门供职的翰林、科臣等清贫书生,实在没有油水可榨,大多数都被酷刑折磨致死。

这仅仅是对为官者的窃掠,富户豪门、平民百姓也逃脱不了被掠夺的命运:"初,诸贼攻城时约,内藏归闯贼(李自成),勋戚财归诸帅,文官财归牛(金星)、宋(献策),富户归小盗。"有此约定,那么这些人还有什么可忌讳的?富人倾家荡产,平头百姓的柴米油盐也被大顺军队抢掠一空。城内饿殍遍地。

李自成到底在北京城搜刮了多少银两?据史料记载:"所掠输共七千万。大约勋戚、宦寺十之三,百官、商贾十之二。先帝减膳撤悬,布衣蔬食,铜锡器具尽归军输,城破之日,内帑无数万金。贼淫掠既富,扬言皆得之大内,识者恨之。"

7000万两白银!崇祯在全国加饷摊派10多年,也不过从民间征得2000万两白银,最终导致了天怒人怨;而李自成短短40来天便在京师榨银7000万两,无怪乎"识者恨之",其最终的结局已然注定。

李自成入主紫禁城,靠的是群众基础。同时,他也有一定的政治头脑,身边既有像牛金星、李岩这样的智囊,又有如刘宗敏、李过这样的二流将领,而且李自成的为人还算不错,由于清军的连续攻击，大大削减了明军的兵力，当他进攻北京时，守城宦官又大开城门，兵不血刃即进入北京，可谓占据天时和人和。

然而，入主紫禁城之后的李自成，却彻底抛弃了昔日"闯王来了不纳粮"的诺言，纵容一干"新贵"用各种手段大肆敛财。上梁不正下梁歪，大顺之兵也竟相在民间搜刮积财，准备还乡。横征暴敛的手段，用钱买命的"政策"，大顺军士兵的放任自流、烧杀抢掠，让北京城变成了人间地狱。所掠夺的7000万两白银，全部熔铸成巨大的中间有孔窍的方板状银板，以便于运输，从中便可以看出，李自成压根没有常驻北京的念头。

得民心者得天下。李自成之成，在于拥有深厚的群众基础，饱受明末苛捐杂税之苦的农民在李自成那充满诱惑性的宣传口号面前纷纷响应，势如洪水；李自成之败，则是因丧失了民心，更重要的是，完全丧失了地主阶级的信任——这也是影响吴三桂开关迎清兵的一个因素，失败已在所难免。

而清军，恰恰在等待着这样的一个机会。

左手借兵剿匪，右手开门揖清

尽管手中握着沉甸甸的山海关，但吴三桂此时却不知道自己应该将山海关交给谁，唯一可以肯定的是李自成绝不再有机会了。吴三桂斩杀了李自成派来的使者，宣告与李自成彻底决裂。吴三桂写下了一封给父亲的诀别书："不肖男三桂泣血百拜，上父亲大人膝，父亲一生素以忠义自居，如今虽大势已去，也当拼尽全力，不成则应以身殉国难。儿子定为父亲报仇，即使不成功而成仁，我父子二人不也能留下忠孝之名乎？父亲为何忍辱偷生，做此不义之举。既然父亲不能做忠臣，三桂又安能为孝子？自今日起，儿与父断绝关系。父不早图，流寇即使把父亲置于刀斧油锅之上来要挟三桂，我也决不回顾。"

吴三桂选择与大顺政权彻底决裂，是李自成始料未及的。这在大顺朝中也引起一场轩然大波。李自成手下也分成了两派。一派主张立即予以征讨，另一派则主张暂时放置。

由于李自成手下大将刘宗敏、李过等人沉醉于追缴脏银、拷掠明朝旧臣，因而对于此时率军追剿吴三桂不感兴趣，加之李岩、牛金星、宋献策等文臣基于策略的考虑，以"新得京师，人心震迭，吴军素能战，不可轻视"为由，认为现在不宜出兵。他们认为应该暂时维持现状，仍以招降为主。

李自成力排众议，宣布御驾亲征。于是，李自成率兵10万，号称20万东出京师。在宣告与大顺政权彻底决裂后，吴三桂已经没有可能再回头，一场生死决战无法避免。然而战斗还未开始，吴三桂已经预料到无可挽回的结局。李自成的军队有十万之众，而吴三桂的军队却连他的一半都没有。以区区三四万兵马与关内李自成的十万大军相抗衡，吴三桂深知自己没有半分胜算。此时的吴三桂想到了关外的清朝，但这样的念头，又深深地刺痛了吴三桂高傲自负的内心，更让他难以接受的是舅舅祖大寿竟然还写来了亲笔信，替满洲人劝降。随信而来的还有皇太极的敕书。多年来他都以高傲的姿态拒绝清朝的招降，然而如今能同李自成大军相抗衡的力量唯有清军。面对绝境，吴三桂渴望竭力奋争。他要对命运反戈一击，试图冲出命运为他设计的险恶陷阱。此时摆在他面前的只有一条道路。

而就在此前，当吴三桂放弃宁远城撤入关内之时，大清帝国便得知了这一好消息。摄政王多尔衮清醒地意识到他建立千秋伟业、青史留名的机会来了。而几乎就在李自成攻陷北京的同时，身为清廷重臣的范文程便察觉到了明朝大厦将倾的异样，随即奏请清廷挥师南下，入主中原。

1644年的农历四月初四，清廷急召在盖州汤泉养病的范文程入盛京参与决策。范文程指出了李自成肆意刑讯拷问明朝大臣、强行向在京官僚商人追赃、贪图子女玉帛等恶行，并断言清军"可一战破也"，并以"我国上下同心，兵甲选练，声罪以临之，衅其士夫，拯其黎庶，兵以义动，何功不成"为由，极力劝说多尔衮率军入关，而且他还建议清军改变以往屠杀、掠夺明朝百姓的弊政，称："古未有嗜杀而得天下者……若将统一区夏，非乂安百姓不可。"

而多尔衮素有吞并中原的野心，于是当机立断，下令连日召集兵马，除少数兵马留镇盛京外，其余十多万八旗精锐尽出，涌向中原。史载："男丁七十以下，十岁以上，无不从军。"清军原本打算从西协和中协入关，然而大军行至翁后时，他却接到了吴三桂的请兵信。

四月十二日，吴三桂亲自写请兵信给昔日不共戴天的敌人多尔衮，不但许诺给予清朝金银、布匹等物，而且还承诺"将裂地以酬"：

> 我朝李闯作乱，攻陷京师，先帝惨遭不幸，祖庙化为灰烬。三桂受国厚恩，据守边地，意欲为君父复仇，怎奈地小兵少，不得不泣血而求助。我国与北朝（指清朝）通好二百余年，今无故而遭国难，北朝应亦念之，而且乱臣贼子当也北朝所不能容之。夫除暴安良者大顺也，拯危扶颠者大义也，救民水火者大仁也，取威定霸者大功也。素闻大王乃盖世英雄，值此摧枯拉朽之会，诚为时不再得，乞念亡国孤臣忠义之言，速印立选精兵，直入中原，三桂自率所部，以合兵而抵都门，灭流寇之宫闱，而示大义于中国。则我国之报于北朝者，岂惟财帛？行将裂地以酬，决不食言！

此信中，吴三桂并没有提出降清之事，而仅仅是恳求多尔衮出兵剿灭李自成的义军。他此时自居的身份为"亡国孤臣"，要的是再建明朝。换句话说,他仅仅是要借助清的军事实力,来实现复国之愿罢了。

此时的多尔衮不再以吴三桂所言的"不唯财帛,将裂地以酬"为满足,他的志向是入主中原。多尔衮趁此大事要挟,强迫吴三桂率部投降,拱手让出大明锦绣江山。

吴三桂已别无选择。

李自成已经大兵压至山海关,多尔衮按兵不动,等待吴三桂给一个降清的肯定答复。如果吴三桂单以自己的力量去与李自成对抗,势必难以为敌。此际再降李自成?早无可能。唯有依多尔衮所示,亲往清营,剃发跪拜,方能让身家性命不至于毁于一旦。

万般无奈之下,吴三桂只得将自己从忠君报国的道德外壳下剥离出来,于四月二十二日投降了清朝。次日,清军也随即入关,但入关后的清军依然是按兵不动。多尔衮命令吴三桂率领关宁铁骑作为先锋,与李自成的大军进行激战。大战一触即发,军令如山。无可奈何的吴三桂只得率部首先冲入敌阵。战争持续到中午时分,孤军奋战的关宁军已陷入大顺军的重重包围之下,正当吴三桂感到绝望之时,清军终于从右翼杀出,将已鏖战多时、筋疲力尽的大顺军杀得溃败不堪,毫无思想准备的大顺军在惊呼中兵败如山倒。"一时之间,战场空虚,积尸相枕,弥满大野。"

这一突如其来的变故迫使李自成带着残部狼狈地逃离了山海关,当山海关大战以大逆转的结局结束时,受命作为前锋的关宁铁军几乎损失殆尽,吴三桂最终没能如愿保住这支自己苦心经营多年的军队。

弥漫在山海关的硝烟还未散尽,多尔衮以顺治皇帝的名义下令晋封吴三桂为平西王,跟随他多年的关宁将士在山海关大战中几乎全军覆没，多尔衮划拨精兵一万归吴三桂指挥。他能做的只有接受清朝的封赏和任命，接受剃发易服的命运。此时的吴三桂孑然一身，再也没有了退路。

四月二十三日，在溃逃回京师的路上，李自成残忍地杀死了吴襄，3天后，吴家30余人在北京被满门抄斩，吴襄的首级被高悬在北京城楼上。之后，李自成军便放弃北京，满载搜刮来的财物向西北方向而逃。

"闯王"李自成的功败垂成让千万人扼腕叹息，同时，也让人对其速败的原因绞尽脑汁，苦苦追寻。

有的人认为李自成是败于骄傲自满、腐化堕落。攻占北京城后，流寇出身的李自成以为大业已成，是时候高枕无忧了，于是贪图享乐，荒淫腐化，最后招致失败。

有的人认为李自成失败的原因在于军纪涣散，战斗力严重下降，遇到八旗铁骑的清军时，不堪一击，兵败如山倒。

有的人认为李自成败于"马上得天下，不能马上治天下"。李自成拥有大批能征善战的将士，但缺乏一支完成统治治理工作的文官队伍。在攻下大片领土后，治理人才奇缺的弊端就逐渐显现出来，致使李自成后来损失惨重。

有的人认为战略上的巨大失误导致了李自成的失败，李自成战略的巨大失误表现在没有把清朝这个一直想入主中原的强大集团包括在战略形势判断里，正因为如此，李自成才采取了直取北京的战略。如果没有清朝的干预，以李自成的实力，是可以勉强对付张献忠集团、南明集团和吴三桂集团的，可是一旦加上清政府集团的实力，李自成自然难以抵挡，失败近在眼前。

以上说法似乎有各自的合理性，但并不代表就是历史的真相。李自成雄师百万究竟惨败于何，仍然是一个历史之谜。

这边的吴三桂抱着杀父夺妻之恨，马不停蹄地一路追杀至山西绛州。忽然京师有人来报，说是已在京城寻获了陈圆圆，吴三桂喜不自胜，立刻停兵绛州，速派人前去接陈夫人来绛州相会。

陈圆圆来到绛州时，吴三桂命手下的人在大营前搭起了五彩楼牌，旗旗萧鼓整整排列了三十里地，吴三桂身着戎装，亲自出迎。

亲人的血淹没了吴三桂最后一丝犹豫，陈圆圆的失而复得也让他无所牵挂，命运摧毁了他全部的理想，他做不了忠臣，孝子也没有当成，失去了军队和家族的吴三桂已经一无所有。他从多尔衮手中接过平西王的封号，自己十分清楚，他只能成为清朝扫除农民军的棋子。现在，他屈服于不可改变的现实，继续为大清王朝效力，这也是他再也无法逃脱的宿命。

后世之人对于吴三桂的评价褒贬不一，甚至是大相径庭。大部分人认为，他作为汉族人，却与满族人勾结，导致大顺政权及南明政权等汉族人政权覆亡，加上他曾经杀死南明永历帝及皇族、大臣等，便视其为"汉奸、走狗、卖国贼"。

而另一些人则认为，吴三桂引清军入关的初衷只是为了借清军的力量消灭李自成率领的农民军，或者使他们两败俱伤。他当时并没有投降之意，只是后来的局势发展使得他不得已而归降了清廷，实则是身不由己。还有些人认为，在那个波谲云诡的动荡时代，吴三桂不过是忠于他和他家族的利益而已。

吴三桂开门揖清，满洲人入主北京。努尔哈赤父子的努力终于收到了回报，但努尔哈赤与皇太极，谁也没有等到这一天。

女人也有狠手段

明崇祯十六年（1643年）十一月，在自己的事业即将取得全面胜利的时候，清太宗皇太极突然患病暴亡，享年52岁。与皇太极相伴18个春秋的庄妃悲痛欲绝，一再提出要效法前代皇后，为皇太极殉葬。但诸王、贝勒尊重她的处世为人，都很拥戴她。他们全力劝阻，理由是太宗子孙幼小，需要母亲的照看。在众人的劝慰下，庄妃才稍为平静下来，全力以赴地去完成皇太极未竟的事业。

皇太极死得突然，由于他生前未能指定皇位继承人，按旧制应由八王共举"贤者"。宗室贵族，人人觊觎。于是，满洲贵族内部围绕帝位继承问题，展开了一场激烈的斗争。

皇太极有11个儿子，肃亲王豪格为长子，当时34岁，为皇太极继妃所生。豪格早在太祖、太宗时期就曾领兵南征北战，颇有战功，实力很强。其他皇子当时年龄都还小，最大的也不过十六七岁，他们既没有战功，也没有地位，毫无竞争能力；另外，多尔衮和其弟多铎，因战功卓著，被封为睿亲王和豫亲王，其兄阿济格被封为英亲王，极具竞争力。努尔哈赤死时，多尔衮因为年幼，母亲被逼殉葬，皇位为皇太极所得。现在皇太极死了，他正当盛年，如以兄终弟即的方式入承大统，从情理上是可以说得过的。资历最老的大贝勒代善，因年老体弱，已没有继位之想，可他也有相当的实力。他在观望着，谁继位对自己更有利，自己好坐当渔翁。可以说，当时最有能力继承皇位的，就是豪格和多尔衮了。

双方实力如何呢？皇太极曾亲自统率的正黄、镶黄两旗拥立豪格，豪格本人又统正蓝旗，在满洲八旗中，他已拥有三旗的力量，索尼、鳌拜等大臣也支持他。多尔衮拥有的力量是两白旗，他还得到了多铎、阿济格的支持。双方势均力敌，为继承皇位各不相让，和不可得，拼则两伤。庄妃悲痛之余，已感到剑拔弩张之势，听到磨刀霍霍之声，她想，难道太祖、太宗创立的大清基业，就要在这自相残杀中毁掉了吗？

经过几个昼夜仔细认真的思索，庄妃终于想好了一个折中方案：她要把福临推上皇位。这有可能成功，推出福临，可以使双方白热化的矛盾降温，再说福临的背后，有忠于皇太极、忠于后妃的两黄旗，还有科尔沁的支持。庄妃的性格、才智、勇敢促使她去进行一次冒险的尝试。

这个冒险是以生命为赌注的，如果福临在争位之中失败，势必会被成功之人所残杀，庄妃自己也会落得个悲惨结局。这个冒险又是值得的，自己身为先皇身边最宠爱的妃子，又协助其处理政事，势必会引来一些人的不满与怀恨之心，不能成为太后，只作为先帝遗孀，无权无势、无位无名，正给了这些居心叵测之人以可乘之机，性命难免不保。两相权衡，还莫如铤而走险、险中求生！幸运的是，这个以母子性命为代价的赌局，庄妃笑到了最后。

庄妃决定之后，立即找皇后商量。她要靠皇后这棵大树庇护，因此向皇后分析了目前的形势。皇后听完庄妃的话以后，深感害怕：不管豪格还是多尔衮谁继位，都要发生一场血战，结果都是不堪设想的。于是，她决定支持庄妃，让福临继位，以保住清宁宫的特权，避免相互残杀。然后，皇后和庄妃一起劝说豪格支持这个方案。豪格虽然明白这个道理，却总觉得委屈。

豪格回到家中后，对侍候在身边的爱妻心灰意冷地道："我德小福薄，不堪继位。让皇九子继位还可以，如果让多尔衮继位，我决不允许。"

几乎与此同时，急不可耐的多尔衮在三官司庙召大臣索尼询问册立之事。索尼道："先帝有皇子在，必立其一。其他的我不知道。"

"必立其一？"除豪格外，还会是哪个皇子呢？多尔衮在沉思。

代善德高望重，又有实力，争取他的支持很重要。说通豪格后，庄妃和皇后立即召大贝勒代善入宫，争取代善的支持。代善害怕豪格与多尔衮反目为仇，自相残杀。可当皇后提出要立福临时，他沉默了。他想，如果立福临，庄妃不就听政了吗？大清国说什么也不能掌握在一个女流手中！庄妃似乎看透了他的心思，诚恳地对代善道："大贝勒素以国事为重，请放心，福临继位后，我退居后宫，深居简出，决不参政。"代善终于默许了。

抓住这个时机，庄妃决定面见多尔衮。当她来到睿亲王府时，多尔衮吃了一惊，庄妃微微一笑，开门见山，单刀直入地道："我来睿王府，是和你商议嗣君事宜的。论功劳地位，你是有资格登大位的。但先帝有子，头一个豪格就不会甘心。先帝其他年长的儿子，以及代善一支，都会反对你。到那时，国中岂不就大乱了吗？"

"先皇在日，就有立我的说法，我等了整整17年。"多尔衮无不愤慨地道。

庄妃为了平息多尔衮的火气，语气非常缓和，道理却十分中肯，只听她缓缓地道："王爷要以国家为重。大清基业初定，宏图尚未成功，我怕兄弟反目，有愧两代先王。清宁宫决意不会拥立肃亲王豪格。他虽然是太宗皇帝的长子，为人又忠厚直爽，但只知其武，不知其文。今后大清要叩关而入，问鼎中原，这副担子他挑不起来。"多尔衮听到后宫不再拥立豪格，松了一口气。

"我有一个主意，特来和王爷商量。"庄妃接着道。

多尔衮道："皇嫂说出来听听。"

庄后见时机已到，忙道："我儿福临，年方六岁，可以让他继承皇位，以王爷为摄政王，全权负责军国大事。这样安排，诸王贝勒不好公开反对，而王爷又能控制实权。国家不会发生内乱，王爷大权在握，也实同皇帝。不知王爷意下如何？"

多尔衮见庄后说得合乎情理，言语中不仅表现出对自己的关怀，更分配了自己的权力，终于决定服从皇嫂的意见，不再争当皇帝，并表示全力协助其侄福临登上皇位。

经过五天五夜紧张激烈地明争暗斗，八月十四日，诸王贝勒大臣会议召开，讨论嗣君问题。会议由大贝勒代善主持，他年长德高，理所当然。大臣索尼首先讲话，强调必须立皇子。代善则进一步说明，应当立豪格。而豪格的讲话中则有些谦让，他说自己"德小福薄，非所堪当"，中间退出会场。

这时，阿济格、多铎趁机提出让多尔衮继位。对此，两黄旗大臣坚持反对，甚至佩剑向前，表示若不立帝子，宁愿跟从皇太极死于地下。而两白旗大臣又坚决反对立豪格。双方剑拔弩张，弄不好会导致一起流血冲突。在这千钧一发之际，多尔衮提议拥立皇太极的第九子、6岁的福临为帝，由他和济尔哈朗（努尔哈赤弟）共同辅政，等福临长大后归政。这一折中方案，立即得到会议主持者代善的支持，很快被会议通过成为决议。这是一个解决择君危机的折中方案，照顾了各方面的利益，维护了满洲贵族的团结，以求入主中原。多尔衮与豪格的主动退让，在一定程度上反映了对这种共同利益的认识。豪格对代善徒劳的荐己无礼地退出会场，反映了他直爽、粗鲁的武将性格。多尔衮首倡福临，表明了他的精明和主动。

崇德八年（1643年）八月二十六日，福临在沈阳继承帝位，第二年改元顺治，是为清世祖，尊哲哲皇后和生母庄妃为皇太后。

一场即将剑拔弩张、血流成河的争位之战，就这样被庄妃无形地消灭于千钧一发之中。并且，她为儿子夺得了万人之上的荣耀，为自己赢得了太后之位，更在不久之后，为中国的历史，抹上了浓重的一笔。

当不了皇帝就掌控皇帝

多尔衮在争夺帝位失败后，便一心一意地辅佐幼帝顺治。在他的政治生涯中，最浓墨重彩的一笔便是实现了努尔哈赤与皇太极两代帝王的终生志愿：入主山海关。

顺治元年四月，李自成攻占北京城的军报便传到了盛京。多尔衮急召智囊范文程等人商议决策。四月初九，摄政睿亲王多尔衮领大将军印，统率14万大军直奔山海关，南下中原。

经过数日激战，多尔衮取得山海关大捷后，在山海关东威元堡诱降前往乞师的明总兵吴三桂，合兵大败李自成的大顺军。其后，多尔衮便以吴三桂部为先导，率领八旗铁骑挥师南下，向明朝的首都北京进发。一路上几乎没有遭到明朝军队有力抵抗的八旗军此时更是势如破竹，长驱直入，所到之处望风归降，奉表称臣。

五月初二，多尔衮率领清军从朝阳门进北京城，占领京师。随后，欣喜若狂的多尔衮便急切地进入紫禁城，临武英殿御政。他御政过程中的一件大事，就是定都问题。摄政睿亲王多尔衮随即向顺治皇帝建议迁都北京，但英郡王阿济格以"初得辽东，不行杀戮，故清人多为辽民所杀。今宜乘此兵威，大肆屠戮，留置诸王，以镇燕都。而大兵则或还守沈阳，或退保山海，可无后患"为由，表示反对。然而，多尔衮却以太宗皇太极的临终遗言应对其胞兄（史载太宗遗言为"先皇帝尝言，若得北京，当即徙都，以图进取"），随即又以"况今人心未定，不可弃而东还"为由，说服众人。年仅7岁的"傀儡"皇帝顺治，自然采纳多尔衮的意见，迁都北京。

父祖两代经过28年奋争而未能实现迁都燕京的夙愿，却在子孙福临统治时期得以实现，不能不视为摄政王多尔衮的辅弼之功。顺治皇帝在多尔衮的辅佐下，"入关定鼎，奄有区夏"。

迁都后，在摄政睿亲王多尔衮的主持下，清廷制定了"先攻农民军，后灭南明政权，联合汉族投降势力，以汉治汉"的方略。六月，多尔衮分遣部将连下山东、河南、山西、天津等省，以拱卫京畿地区。

之后，多尔衮又修书一封规劝南明兵部尚书、大学士史可法投降清朝，削藩称臣。十月，顺治皇帝为表彰多尔衮忠君体国，匡扶社稷，专心王事之功而亲封他为"叔父摄政王"。随后，清廷任命阿济格为靖远大将军、多铎为定国大将军，合击大顺军于陕西。

顺治二年三月，多尔衮命令多铎分兵三路南下江淮。四月豫亲王多铎所率大军攻占扬州，史可法拒绝投降被杀，清兵对城内人民持续进行了十天的大屠杀，史称"扬州十日"。五月，多尔衮因指挥清军占领南京，俘虏弘光帝朱由崧，被晋封为"皇叔父摄政王"。六月，清廷强制推行六大弊政之一的"剃发令"，激起了江南各地民众的激烈反抗，多尔衮派兵镇压。闰六月，清廷又命明朝降将的兵部尚书洪承畴经略江南及粤、赣、闽、湖广、云贵等地，旋即以攻抚之策相继平定江南。

次年十一月，豪格率军在四川西充的凤凰山射杀了大西农民军的首领张献忠。至此，风起云涌的明末农民大起义被剿杀。

摆在多尔衮面前的还有一件亟待解决的重大难题，即怎样管理这一幅员辽阔、人口众多的泱泱大国。原来的清政权土地面积狭小，人口不多。入关后，满族人的数量和汉族人相比根本不值一提。显然原来的大清政权机构还无法有效地管理这个庞大的帝国。

这件事并没有难住这位能干的摄政王，他一边指挥大军平定天下，一边还草拟清政府的各项典制规章，建立健全各个机构。他采取了模仿明朝旧例的办法，仍然用汉族人管理汉族人。

顺治元年(1644年)五月初三，进京第二天，多尔衮即公告天下，仍然使用原来各衙门的明朝旧官员。初六，他又下令让满官和明朝旧官一起办理公务，同心协力。六月初二，由于冯铨、洪承畴的建议，多尔衮照搬明朝旧有体制，由内三院行使内阁职权，但明代时内阁高于六部，到了多尔衮时期内阁职权已大大不如从前。同时，多尔衮还允许按照明律审查案件，问罪定刑。九月，编成《大清律》，基本上是照搬《大明律》而来。

顺治三年(1646年)，吏科给事中向玉轩对没有汉族人尚书十分不满，多尔衮听说后很气愤，处分了向玉轩。顺治五年(1648年)七月，多尔衮下令六部必须各设一个汉族人为尚书，这算是满汉复职制，其目的显然是要收买汉族人之心。

清朝的地方官制与明朝相差无几，此时的总督、巡抚等多是从东北随清入关的汉族人。

多尔衮在效仿明朝体制时始终牢记清祖的传统和满洲利益，并不是生搬硬套，全盘接受。议政王大臣会议显然是八大贝勒议政的残余，这时仍然是雄踞于各种机构之上。另外，不管多尔衮如何提倡"满汉一家"，他在处理国务中还是以"尊满"为首要原则的。

多尔衮的策略非常成功，许多汉官和满洲贵族一样尽心尽力地为他效力，奋战沙场，为有清一代的繁荣兴盛奠定了扎实的基础。

顺治四年七月，济尔哈朗被罢辅政之职，自此直到多尔衮去世的顺治七年十二月初，大清国政都由"皇叔父摄政王"多尔衮一人独揽，乾纲独断。

多尔衮既不断提高自己的势力，又连续肃清政乱，打击异己势力。

肃亲王豪格和多尔衮原有旧仇，但慑于多尔衮翻云覆雨、一手遮天的权势，他也是有怒不敢发，有言不敢出。虽然豪格为清入关屡建军功，但仍未能逃出多尔衮的魔爪。顺治五年（1648年）三月，多尔衮找茬将豪格囚禁起来。没多久，便传出豪格死去的消息，死因不明。不久之后，漂亮的肃亲王妃便被多尔衮娶到了府中。

郑亲王济尔哈朗是多尔衮压制的另一对象。济尔哈朗虽手中没有权力，但权势越来越重的多尔衮却并不感到满足。多尔衮认为济尔哈朗只是表面上臣服，不可信任，因而不断地给这位老资格的王爷出难题。顺治四年（1647年），济尔哈朗的辅政之位也被多尔衮罢免了。顺治五年（1648年），多尔衮借济尔哈朗的几个侄子一起告发叔叔的罪状的机会将济尔哈朗贬为多罗郡王。后来济尔哈朗虽然又被恢复了亲王爵位，但地位已远不如昔，直到多尔衮死后他才得以翻身。

顺治七年十一月，多尔衮出猎古北口外，行猎时坠马跌伤，医治不及时，病情急转直下。十二月初九，多尔衮病卒于喀喇城，时年39岁。其灵柩运回北京，顺治皇帝追尊他为"懋德修远广业定功安民立政诚敬义皇帝"，庙号成宗，多尔衮的葬礼依照皇帝的规格举行。

次年正月，多尔衮的贴身侍卫苏克萨哈向顺治皇帝递上一封检举信，揭发多尔衮生前曾与党羽密谋，企图率两白旗移师驻扎永平，"阴谋篡夺"。此时，年仅13岁的顺治皇帝终于摆脱了皇父摄政王多尔衮的控制而第一次亲理国政。7年的傀儡生涯，他韬光养晦，时刻砥砺自己，最终玉汝于成，磨炼出了过人的胆识和才干。他也利用这一契机，迅速召集王爷、大臣密议，公布郑亲王济尔哈朗等的奏折，例数多尔衮的罪状，主要是"显有悖逆之心"。少年天子福临向诸位王爷宣告说："多尔衮谋逆都是事实。"

不久，顺治就宣布了多尔衮的十大罪状，并下诏追论多尔衮生前"谋逆罪"，籍其家产，罢其封爵，撤其庙享，诛其党羽。当时在北京传教的意大利教士卫匡国曾在《鞑靼战纪》中这样记载说："顺治帝福临命令毁掉阿玛王（多尔衮）华丽的陵墓，他们把尸体挖出来，用棍子打，又用鞭子抽，最后砍掉脑袋，暴尸示众，他那雄伟壮丽的陵墓化为尘土。"

第六章
初来乍到有看头

清军入关，年仅6岁的小皇帝被推上了大清帝国的最高层。前朝留给他的，是一片狼藉的江山，以及无处不在的反清声音。在其母布木布泰的策划下，他赢得了叔父摄政王多尔衮的忠心耿耿。6年的时间里，多尔衮清除大顺余孽、挥师朱明残党，为刚刚立国的大清王朝立下汗马功勋，同时，也给后世留下了一个"太后下嫁"的未解之谜。

闯王落跑留玄机

弥漫在山海关的硝烟还未散尽，多尔衮以顺治皇帝的名义下令晋封吴三桂为平西王，跟随他多年的关宁将士在山海关大战中几乎全军覆没，多尔衮划拨精兵一万归吴三桂指挥，让他充当先锋，追击李自成。而且，多尔衮还发布将令："此次出师，除暴安民，灭流贼以安天下也。"无奈的吴三桂能做的就只有接受清朝的封赏和任命，接受剃发易服的命运。此时的吴三桂孑然一身，再也没有了退路。

1644年4月21日，李自成与吴三桂在山海关前的一片石大战了一场。这场恶战持续了一天一夜，双方都元气大伤。就在吴三桂眼看就要败退之际，清军的铁骑从山海关外冲了进来，顷刻间，大顺军被冲得七零八落，死伤惨重。李自成只好下令返回北京，重整旗鼓。

李自成率领残部到达河北卢龙地区的时候，恰巧被吴三桂的追兵赶上。结果，疲于奔命的大顺军无心恋战，刚一交兵，就被吴三桂所率的清军击败，相互践踏，四散而逃。李自成手下的将领更是只顾逃命,根本就没有打仗的心思。

此时的大顺军已经毫无军纪可言,回到北京城后,在城内烧杀掳掠,奸盗邪淫,无恶不作。而李自成则忙着称帝,匆忙在武英殿举行了"登基礼"。然而他继位后最重要的一件事,却是报复让他一败涂地的吴三桂。李自成对吴三桂可谓是恨之入骨,早在从山海关败退回北京时,他就将失败迁怒于吴三桂的父亲吴襄,在距卢龙西边约二十里的范家店将其杀死。此时更是将吴三桂一家老小30余人杀个干净,并抛尸示众,吴襄的脑袋也被他挂在了北京城楼上。吴家满门只有吴三桂的哥哥吴三凤腿脚利索,先行跑掉,躲过一劫。

知道全家惨死的吴三桂自然不肯善罢甘休,率领精兵星夜兼程往北京赶来,誓要取李自成的项上人头祭奠亲人。李自成此时已完全没有了当年"闯王"的义胆豪情,得知此事后只是叫苦不迭,连忙找来宰相牛金星商量对策。当时大顺军在北京还有数万人,倘若整顿军纪,大有一战之力。可牛金星却束手无策,只是建议他退出北京城,返回西安,再图进取。

经山海关一战已成惊弓之鸟的李自成连忙答应,并很快率领着大顺军退出北京城,经由山西、河南等地返回西安。为了稳定局面,安抚人心,在退兵的路上他还采取了一系列政治经济上的改革措施,希望以此能打好政权基础,以待日后卷土重来。然而此时的大顺政权早已失去人心,李自成的这些举动已经毫无意义。他的大顺政权在北京仅仅存在了42天,真是一个昙花一现的短命政权。

5月2日,大清的部队终于进入了北京城。多尔衮终于实现了从努尔哈赤以来大清国多年的梦想。欣喜若狂的多尔衮急切地进入紫禁城,在武英殿临朝视事。

和李自成不同，多尔衮从一开始就意识到得天下容易，治天下难的道理。他首先为前朝自缢身死的崇祯皇帝举行了规模盛大的丧礼，丧礼持续三日，此举迎合了前明官员和百姓的心情，也表示了大清王朝的正统性和合法性。接下来，他又张贴告示，宣布对前明官员一概不问责，只要投降大清，便可官复原职，甚至加官晋爵。对于百姓，多尔衮则要求八旗官兵严肃军纪，不得骚扰。更为可贵的是，原本依大清帝国旧例，投降归顺者必须剃发，然而多尔衮知道此举势必引起官民的反抗，特意颁发诏令暂缓推行剃发令。这些措施都极大地赢得了民心，为清朝的统治奠定了坚实的基础。

李自成虽然遭受重创，但正所谓百足之虫死而不僵，大顺政权在中原各地的部队仍有数十万之众，是一支不可忽视的力量，如果能够组织起来，有效抵抗清军，战争可能并没有那么快结束。可惜李自成光顾着带领本部亲兵逃跑，除了几道虚有其表的命令之外并没有其他的部署和安排。主将尚且如此，部将也无心恋战。面对着怀着一腔仇恨的吴三桂，以及全副武装来势凶猛的清军铁骑，大顺军大多没有什么像样的抵抗。清军尾随李自成一路南下，很快控制了山西、河南的大部分地区。到1645年1月，镇守关中门户潼关的大顺将领马世耀竟然不战而降，旋即被多尔衮下令杀死。李自成得此噩耗，战意全消，他下令全军收拾金银细软，撤离西安。在撤离西安前夕，他再一次下达了焚毁城池的命令。幸亏李自成部将田见秀阳奉阴违，西安的黎民百姓才免遭火焚。

此时的大顺政权已是摇摇欲坠，将领之间互相猜忌攻讦，内讧不已。宰相牛金星不仅没有在此危急时刻出谋划策、安邦定国，反而屡进谗言，最终害死了大将李岩、李牟兄弟，而刘宗敏也负气出走。这使李自成的力量遭到了严重的削弱。李自成不但不吸取教训，反而疑忌之心更甚。他的许多部将见情况如此，纷纷萌生离意。既然大顺政权大势已去，为何不另寻他处？于是一部分人投降了清军，另一部分则归顺了南方的南明小朝廷。所有这一切都加速了李自成的败亡。

李自成退出西安后，一路向南，经陕南进入湖北。这时候他又犯了战略性的错误。原本无论是明朝还是清朝，李自成都是必欲除之而后快的角色。因此面对着夹击的不利局面，李自成最好的战略应该是拉一派、打一派。最初他的想法也是如此，曾经打算联系武昌总兵左良玉联合抗清，然而当左良玉在征途中病死后，李自成再次陷入了混乱，他趁乱攻取了武昌、襄阳，甚至一度想袭击南京。这样，他重新成为了明清两方共同的敌人。当他在湖北盘桓时，清军也已随后而至。李自成不得不落荒而逃。最终，在江西九江附近，清军包围了李自成的主力部队。经过一场惨烈的战斗，大顺军几乎全军覆灭，刘宗敏、宋献策等许多重要将领都战死或被擒，李自成仅率领一万余人马西撤到湖北南部山区继续战斗。

后来，李自成率军到达九宫山一带，此后便失去了踪迹。几十万的大顺军也像蒸发似的，一下子就没了。关于李自成最终的结局，后人提出了许多不同的看法。

探究闯王死亡之谜

闯王李自成从一名贩夫走卒,能够成为指挥数十万兵马的领导者,麾下上将数十员,纵横天下,所向披靡,还能进京称帝,如此一生,也足够波澜壮阔,被世人所崇拜。但对于他的最终结局,却众说纷纭,少有明确定论。虽然大家都认同李自成遇难湖北通山县九宫山的说法,但即便是《明史·李自成传》也无法说清李自成的身死经过。近年来,李自成身死经过有以下几种说法:

第一种说法是自缢。据说李自成由于连遭败绩,最终又被武装乡民包围,遂选择自缢身亡。这一说法是清军负责追击李自成的统帅英亲王阿济格给清廷的报告。根据阿济格的说法,李自成逃入九宫山后,随即失去踪迹,清军反复求之不得,但找到的大顺士兵纷纷表示李自成已经自缢而死,而尸体却又高度腐烂,无法辨认。这一说法争议颇大,由于阿济格并非李自成死亡的亲自见证者,又是在官方的奏报中提及此事,因此可信度不高。

第二种说法是战死。根据当地地方志和族谱的记载,确实有当地居民斩杀流寇的记载,例如《通山县志》载"九伯聚众杀贼首于小源口"，《程氏宗谱》则载"剿闯贼李延于牛迹岭下"。但这些都不能作为李自成死亡的确切证据。

第三种说法是误杀。根据清人笔记记载，李自成在拜谒九宫山上的元帝庙时，当地乡民误以为是土匪流寇，从背后袭击致其身亡。

这一说法虽然过于传奇，但它却可能反映了一定的真实情况。因为第四种说法和这种说法有一定的关系。康熙年间的历史学者费密所著的《荒书》中对李自成死亡的经过是这样记载的：

> 大清追李自成至湖广。自成尚有贼兵三万人，令他贼统之，由兴国州游屯至江西。自成亲随十八骑由通山县过九宫山岭即江西界。山民闻有贼至，群登山击石，将十八骑打散。自成独行至小月山牛脊岭，会大雨，自成拉马登岭。山民程九伯者下与自成手搏，遂辗转泥淖中。自成坐九伯臀下，抽刀欲杀之，刀血渍，又经泥水不可出。九伯呼救甚急，其甥金姓以铲杀自成，不知其为闯贼也。武昌已系大清总督，自成之亲随十八骑有至武昌出首者，行查到县，九伯不敢出认。县官亲入山谕以所杀者流贼李自成，奖其有功。九伯始往见总督，委九伯以德安府经历。

综上所述，似乎可以断定，李自成确实死在了九宫山。但是，无论是清朝，还是南明，对于李自成的死都表示了极度的怀疑。

清朝方面，由于阿济格并没有获取李自成的首级，而原本应该因李自成之死而溃散的大顺军残部却又在江西一带出现，这使原本非常开心的多尔衮大为不满，对阿济格大加斥责。而南明隆武政权方面，在接到何腾蛟关于李自成身死的报告后，虽然也大加封赏，但不少大臣却建议隆武帝遣何腾蛟反复调查此事的真伪。可见南明一方也并不确定李自成是否真的死了。

其实，明清双方之所以如此在意李自成的生死，就是因为无法做到"活要见人，死要见尸"。何腾蛟虽然贵为五省军务总督，但手下却并没多少兵力，李自成身死的消息是他在招降李自成余部后才听说的，而彼时的九宫山地区已经为清军所占领，他自然不可能为了李自成的尸首而贸然进攻，况且这也是对当时已经纷纷转投明军的大顺军余部的不敬。阿济格方面，则是因为天气炎热，在辨认时尸首已经有颇多腐烂，他面对漫山遍野的尸体，根本没办法确认哪一具才是真的。因此李自成的生死便成了一桩千古疑案。

另外还广泛流传着一种说法，称李自成虽然兵败但并未身死，而是隐姓埋名，在湖南石门县的夹山出家为僧。这一说法在乾隆年间就已流传开来，当时的澧州知州何璘曾撰《李自成传》，提到李自成在夹山寺出家，法名奉天玉和尚。文章中还提到何璘曾经亲往夹山寺拜访，见到一名年逾古稀的老和尚。这名老僧自称服侍过奉天玉和尚，口音也像陕西人。他证实了奉天玉和尚是顺治初年进入寺庙的，并拿出奉天玉和尚的画像给何璘看，据说画像酷似李自成的模样。此外，据说此寺还收藏了很多与奉天玉和尚有关的遗物，其中不乏宫廷玉器和只有帝王才能使用的器具。所有这些，似乎都支持奉天玉和尚就是李自成的论断。

不过，反对这一说法的人也大有人在。很多学者也认为，奉天玉和尚确有其人，不过此人并不是李自成，反而可能是前明遗臣。他们从现存的关于奉天玉和尚的碑铭上找出了支持此说的证据。也有人认为，奉天玉和尚就是从四川游历湖广的云游和尚，在夹山寺定居而已。

李自成死了，刚刚入主北京的清王朝除去了一个心腹之患。接下来，他们要面对的是怎么才能不让更多的"李自成"揭竿而起。

简单粗暴剃头令

清军入关后,南明在江南建立了一个弘光小朝廷,但却腐朽昏庸,人心思变,清军一鼓作气,以摧枯拉朽之势,将其一扫而尽。明朝覆灭后,清廷宣言"不杀人,不剃发,安民乐业",所以,百姓们过了一段安稳日子。

根据满洲旧例,投降的汉族人必须按照满族人的习惯剃发,作为归顺的标志。所谓剃发实则是让汉族百姓把头型换成满族人的发式。传统的满族男人的发式根据《清稗类钞》的记载应该是"式当如金钱"。"金钱式",又叫"金钱鼠尾式"。清人在《榕城纪闻》中记载道:"剃发,只留一顶如钱大,作辫,谓之金钱鼠尾。"也就是说,最标准的剃法应当是将头发全部剃光,只在头顶留一铜钱大的头发打辫子。这个发型很难保持,因为头顶要干净无发,必须做到"五天一打辫,十天一剃头"。

清朝统治者对其极为重视。早在天聪年间,皇太极在进行扩张战争时就一再强调推行剃发政策。天聪五年(1631年),大凌河之役胜利后,皇太极令"归降将士等剃发";天聪十二年又再次下令:

"若有效他国衣帽及令妇人束发裹足者,是身在本朝,而心在他国。自今以后,犯者俱加重罪。"

当时的明将张春在大凌河之战中被后金俘虏,皇太极极力想要劝降他,给他送去佳肴美酒,但张春坚决不从,并开始绝食。皇太极只好亲自出马,经过反复的劝说,张春终于心意有所动摇,开始恢复饮食,这个举动似乎可以说明他答应投降了。可是张春宁降不剃头。最终皇太极只好把张春安置在庙中"恩养",而张春至死也没有剃发。此虽一免死特例,但辽东汉民很早就深受剃发政策的制约,清军入关后,更是变本加厉地推行这一政策。

顺治元年(1644年),多尔衮率清军入关,沿途他就忙着颁发诏书,要求归顺的明朝军民尽皆剃发。进入北京之后,他正式下达了剃发和更换服饰的法令,要求"投诚官吏军民皆着剃发,衣冠悉遵本朝制度"。这一命令立刻引起了激烈的反对,朝中官员剃发者寥寥无几,大批的前明官员因为这一制度闭门不出,拒绝为清朝效力,或者南下逃离京城;而老百姓更是坚决不愿剃头,甚至因此而爆发农民起义。多尔衮眼见统治未稳,担心酿出大变,仅仅一个月之后,就不得不停止了剃发令的实行。

当清朝的统治逐渐稳固时,多尔衮再次提出了实行剃发令的要求。可笑的是,这个建议却是一名汉臣——孙之獬提出来的。

孙之獬,山东淄川人,明朝天启年间进士。此人品德败坏,反复无常,在官场上一直没有混出个名堂。清军入关后,他为了在新主子面前得个好印象,便第一时间当了叛徒,出卖了明朝廷,成了第一批摇尾乞降的汉官,清朝也没有亏待他,赏赐了他一个礼部侍郎的官当。

为了继续向上爬，他当下拥护剃发令，还穿上了满族人的服装，不想在朝堂之上，受到了汉族人的鄙视和满族人的耻笑。为了一雪前耻，他便写了一道奏章，建议在全境范围内给汉族人剃发。

在奏折中，他写道："陛下平定中原，万事鼎新，而衣冠束发之制独存汉旧，此乃陛下从中国，非中国之从陛下也！"激将法很是管用，多尔衮决定强迫剃发，于是，孙之獬的撺掇令中原大地上掀起了一股血雨腥风。

多尔衮见汉族人都有此想法，自然乐得同意。在清军攻陷南京，弘光小朝廷覆灭之际，多尔衮深感时机成熟，便给在前线指挥战斗的豫亲王多铎下令："各处文武军民尽令剃发，倘有不从，以军法从事。"之后，又给礼部下发谕旨，一方面说明实行剃发令的原因和必要性，另一方面则要求全国军民一律剃发。这份谕旨说得苦口婆心而又杀气腾腾。前面还说"向来剃发之制，不即令画一，姑令自便者，欲俟天下大定始行此制耳。今中外一家，君犹父也，民犹子也；父子一体，岂可违异？若不画一，终属二心……"后面立刻就要求"……自今布告之后，京城内外限旬日，直隶各省地方自部文到日亦限旬日，尽令剃发。遵依者为我国之民，迟疑者同逆命之寇，必置重罪；若规避惜发，巧辞争辩，决不轻贷"。

清廷简单粗暴的政策激起了江南汉族人严重的反抗情绪，一方面这自然是由于"身体发肤，受之父母，岂敢毁伤"的古训，另一方面也是对清朝统治者的一种反抗。士绅、农民、工商业者，甚至引车卖浆者，以及相当一部分官僚，都坚决不愿执行剃发令。

在清廷强制推行剃发令的过程中，曾经有人对此提出异议。陕西河西道孔闻谤曾经上书，他是孔子的后人，文章做得极好，引经据典，头头是道，洋洋洒洒数千字，中心意思就是请求停止剃发令。但多尔衮的回应却简洁有力："剃发严旨，违者无赦。孔闻谭疏求蓄发，已犯不赦之条，姑念圣裔免死。况孔子圣之时，似此违制，有玷伊祖时中之道。著革职永不叙用。"仅仅是革职还是好的，名士陈名夏看到当时各地此起彼伏的反对剃发令的斗争，评价道："留发复衣冠，天下即可太平。"不久之后竟然因为这句话被满门抄斩。

强迫剃发，使得当时原本有了降附之心的民众，再次被激起了反抗之心。1645年6月28日，清廷再次传谕："近者一月，远者三月，各取剃发归顺。"剃发成了命令。

但江南汉族人民对此强烈反抗，为了镇压，清军动用武力，一时之间，江南各地处处都是血流成河。在攻入江阴城后，城内男女老少，争相赴水、投火、自刎、上吊自杀，将抵抗进行到底，而清军也是毫不含糊，他们连杀二日，直到找不到活人才封刀。

昆山地区，本来人心平定，但剃发令一下，民众便争相反抗，先是杀掉清军的地方官，后又烧掉了府衙，清军派人镇压，百姓伤亡惨重。

1645年7月底，清军5000多人向嘉定挺进，一路上奸淫杀烧，无恶不作。清军用炮火攻开了嘉定的城门，城里的民众无法逃生，便纷纷投河而死，一时之间，河水都不流通了。

当时的江南，完全是一幅人间地狱图，处处白骨累累，焦土横尸，惨不忍睹。有亲身经历的一名叫作朱子素的人后来在《嘉定屠城略》中写道："市民之中，悬梁者，投井者，投河者，血面者，断肢者，被砍未死手足犹动者，骨肉狼藉。"

经过清军这几次大肆的屠杀，江南大部分地区的人们都归顺了，纷纷剃发，自称大清顺民。在清朝的杀戮淫威下，反抗的气焰终于被压了下去。

强迫剃发，虽然令服饰打扮得到了统一，但在另一层面上，却是严重阻碍了清朝的统一进程。孙之獬贪图富贵，令同胞百姓遭到如此重创，自然没有什么好报。

不久后，孙之獬因为收受贿赂，被夺职遣还老家淄川。他在路上遇到山东谢迁等人起义，一家老小皆被斩杀，而他本人则是被五花大绑十多天，受尽了折磨，起义军在他头上戳满细洞，用猪毛重新给他"植发"，最后将他肢解割碎。后人在笔记中对他的评价是："嗟呼，小人亦枉作小人尔。当其举家同尽，百口陵夷，恐聚十六州铁铸不成一错也！"

那么既然如此，清廷为什么还要不计任何代价，甚至冒着动摇统治基础的危险强制推行剃发令呢？作为征服者的满族人，人口总数远少于汉族人，强迫国民统一发式实则也是整个统一过程的一部分。另外，也可以借剃发令的推行，找出对新政权不满的人，借以打压，在一定程度上震慑民心，稳固新生政权。

第七章
南明,在绝望中寻找希望

崇祯虽死,但血脉仍存;大明虽亡,明遗民的反抗仍在。反抗的种子在夹缝中生长,明王朝的后续政权在南方顽强存在,史可法、李定国、张煌言、郑成功、何腾蛟……一个个让清军切齿的名字,在绝望中为朱明王朝寻找着最后一线希望。

小朝廷的大作用

崇祯十七年（1644年），北京城在李自成的大顺军攻势下陷落，崇祯帝自缢。国不可一日无主，虽然皇帝死了，但明朝的名义尚存。四月，福恭王朱常洵的世子朱由崧在凤阳总兵马士英等人的护送下来到南京。五月四日，朱由崧在明太祖朱元璋称帝处，也是大明王朝的陪都南京称监国。11天之后，朱由崧在群臣的拥立下于南京称帝，年号弘光，次年即为弘光元年，设立百官建制，领导与清朝的斗争。这就是由明朝宗室所建立起来的第一个反清政权——南明弘光政权。

然而福王朱由崧的弘光政权并没有坚持多久的抵抗。南明弘光元年（1645年）五月，清军横渡长江，直逼南京。大兵压境下，南京城破，弘光帝朱由崧在安徽芜湖被清军俘获，旋即被押至北京问斩。弘光政权最后的一支力量、驻扎于杭州的潞王朱常淓部，因寡不敌众，叛明降清。至此，弘光政权的抗清斗争宣告失败。

在西南地区，最主要的南明小朝廷是由两广总督丁魁楚与广西巡抚瞿式耜拥立的永明郡王朱由榔。朱由榔是明神宗之孙，桂王朱常瀛的第五子，在南京弘光小朝廷覆灭以后，他先是于顺治三年（1646年）十月在广东肇庆称监国，后于十一月十八日称帝，改元永历。

永历政权主要依靠的是农民起义军的残部和前明将领的兵力。永历帝即位之初，曾经一度将清军抵挡于云贵几省之外，并且进行了一系列的反击。在何腾蛟、瞿式耜等人的努力之下，南明军队在湖南取得了一系列的胜利，并带动广东、四川等地发起了新一波的抗清高潮，甚至原本已经降清的一些将领也先后重新倒向南明朝廷。此时清军几乎已经取得了整个中国，偏居一隅的永历小朝廷根本不是清军的对手，更何况经过一开始的"蜜月期"之后，朝中不同派系之间的矛盾逐渐暴露出来，几方面彼此攻讦不休，内耗严重，清军趁势卷土重来。

随着何腾蛟、瞿式耜等人先后在战斗中殉国，南明朝廷无人可用，原本收复的湖南、广西等地再次落于清军之手。顺治十四年（1658年），孙可望降清，这极大地打击了永历政权。果然，第二年清军在吴三桂的带领下，兵分三路攻入云贵，永历政权土崩瓦解，永历帝在明将李定国的保护下逃到缅甸。吴三桂随即与缅方交涉，并带兵攻入缅甸。在清王朝的强大压力下，缅甸人不得不屈服，将永历帝俘虏并送至云南。永历帝旋即为吴三桂杀害，其余宗室大多死在缅甸。南明政权宣告灭亡。

此外，川鄂山区还活跃着一支号称"夔东十三家"的抗清部队。在福建的隆武小朝廷失败以后，明太祖第十九子韩宪王朱松的十二世孙韩王朱本铉建立了定武政权。朱本铉原本封地在陕西平凉，后来李自成起义，攻陷平凉，俘虏朱本铉。但朱本铉大难不死，竟然侥幸逃出，流落到鄂西山区。清军入关后，大顺政权溃灭，原先李自成的残部刘体纯、袁宗弟、王光兴、谭文等人归顺了明朝政权，并拥立了定武帝。此后李自成侄子李过的部将郝摇旗、李来亨等人也先后参加定武政权，因部将人数众多，故而被称为"夔东十三家"。定武政权借助鄂西川东山峦险峻的有利地形，自给自足，顽强抗击清军，并一度与永历政权相联系。直到康熙初年，清军派数十万大军层层围剿，定武政权才告沦陷。众将大多战死，朱本铉自杀殉国。内地坚持最长久的南明朝廷宣告灭亡。

这次斗争虽然失败了，但它的影响和意义是极其深远的，为清朝前期社会经济的继续发展开辟了道路。

宁做明朝鬼,不在清朝活

国存与存亡与亡,巍峨庙貌甚堂堂。
梅花岭畔遗香在,铁煩何时返故邦。

诗人郭沫若曾经写过这样一首热情洋溢的颂诗,题赠对象则是明末清初的南明大臣、抗清名将史可法。在南明小朝廷抵抗清军入侵的斗争中,史可法可以说是众多英烈人物中最富有代表性的一位。史可法字宪之,号道邻,河南祥符人。顺治二年(1646年),清军围攻扬州,史可法以寡敌众,不幸城破被俘,壮烈牺牲。今仅有衣冠冢葬于扬州梅花岭下。

史可法27岁时就中了进士,先后担任西安府推官、右参议、右佥都御史、风庐道等职务。史可法为官刚正不阿、清廉自律,勤政爱民。

明末农民起义时,史可法为保一方平安,毅然投笔从戎,率兵与农民军大战。后来,后金兴起,频频袭扰河北、山东一带,史可法又先后数次带兵北上驰援,固守黄河沿岸,使后金军不敢轻举妄动,望风而逃。由于史可法忠心耿耿,又具有一定的军事才能,故被提拔为南京兵部尚书。明末吏治混乱,贪污腐败之风横行。史可法到任后,严肃军纪,整顿营务,每日宵衣旰食,十分辛苦。

1644年,明末农民起义军在李自成的率领下攻克北京,明思宗在煤山自缢。史可法听闻厄讯,痛彻肺腑,立即会同户部尚书高宏图、兵部侍郎吕大器、翰林詹事姜曰广等人,"誓告天地,驰檄勤王"。

清军以吴三桂为先锋,率军长驱直入中原腹地,在攻灭李自成后,仍然不断南下,攻城略地。史可法见清军"除暴安民,替明君雪耻"是假,扩张地盘才是真,便改变了之前"联清灭寇"的主张,毅然举起了抗清的大旗。

在崇祯皇帝自尽后,明朝皇帝该由谁来继承就成了问题。当时,太子和永、定二王已经在战乱中下落不明,而惠王、桂王则距中原甚远,比较合适的人选只有福王、潞王等人。一开始,有大臣本着"立亲"的原则,主张拥立崇祯之兄福王朱由崧。但这确实不是一个好主意,因为福王吃喝玩乐,荒淫不堪,实在不是皇帝的最佳人选。因此史可法等人主张拥立神宗之侄潞王朱常淓。原本这一决议得到了大多数大臣的支持和赞同,但凤阳总督马士英却别有想法,他认为福王昏庸,若拥立福王,可以借机控制朝中大权,作威作福。因此他假意拥立潞王,暗中却将福王接到凤阳,并联络武将,企图以兵力强行拥立福王。尽管史可法等对此大为不满,无奈马士英出动重兵,将福王送至南京即位,史称弘光帝。福王即位后,马士英自恃拥戴之功,大肆培植私人势力,卖官鬻爵,并压制史可法等人。刚成立的南明朝廷就是一副亡国末世的模样。

史可法苦苦支撑江北，但不久又发生了两个重大的变故，造成了极为棘手的局面。

首先，在南明诸将中，刘泽清、刘良佐的部队战斗力极差，不堪大用；只有高杰的部队战力较强。高杰是典型的武夫，性格粗鲁暴躁，但也朴实憨厚，对明王朝忠心耿耿。他毅然拒绝了清军的招降，并率兵驻守在河南一带，作为抗清的先锋。可是，河南睢州总兵许定国却投降了清军，并设下毒计，以谋害高杰作为晋升之阶。高杰所部不战自溃。没有对手的清军长驱直入，进入江苏。史可法失去了一支可以信赖的重要军事力量，已经无力反攻。

其次，就在清军大举进逼之际，南明朝廷内又爆发了内讧。驻守武昌的总兵左良玉和朝中的马士英、阮大铖互相敌视，攻讦不已。后来，左良玉索性打着"清君侧""除马阮"的旗号率数十万大军南下直逼南京；而马士英则调重兵相抗，甚至喊出了"宁可君臣皆死于大清，不可死于左良玉之手"这样的话。双方在长江一带剑拔弩张，而置淮扬一带的防御于不顾。马士英为了一己私利，要求史可法撤回负责江防的明军来攻击左良玉部，尽管史可法大力反对，但马士英撺掇弘光帝动用圣旨逼迫史可法。无可奈何的史可法只好从命。

当史可法率军到达燕子矶时，听说了左良玉病故和其子左梦庚兵败降清的消息。恰在此时，清军已经兵分两路，一路渡过淮河，取道亳州、盱眙，向东进攻；另一路则由多尔衮的弟弟多铎亲自率领，在叛将许定国的引领下，攻占了淮安、泗州，迅即向扬州猛扑过来。史可法连忙赶至扬州准备守城，他一方面安定人心，动员扬州军民，准备死守城池；另一方面又连忙向南京小朝廷和驻守其他城池的将领求救，要求派兵增援。但南京朝廷的兵部尚书阮大铖却对史可法的请求置之不理，其他将领也大多装聋作哑。只有奉史可法之命驻守白洋河的都督刘肇基率所部4000兵赶到扬州。面对清兵的10万之众，实力相差悬殊。

清朝摄政王多尔衮曾致书史可法劝其投降，但史可法严词拒绝，并写下了著名的《复多尔衮书》，用以表明自己的严正立场。尽管如此，围攻扬州的多铎，仍然对诱降史可法不死心，千方百计招降之，一方面是对史可法奋勇抗争的尊敬，另一方面也是希望利用史可法的威望，为清军占领江南扫平障碍。多铎先后派遣已经投降清军的李遇春等人给史可法送去亲笔信，希望史可法能够投降，但史可法对多铎的信根本不予理睬，直接当众焚毁之。他的这种视死如归的精神深深地打动了扬州军民。扬州城内虽然人少势孤，却是士气高涨，群情激愤，誓死守城，多次打退了清军的进攻。

多铎围攻扬州，连日不克，并且周围的农民坚壁清野，给清军的粮草运输给养等带来了极大的困难。多铎担心清军进兵速度太快，有可能被明军反包围歼灭之，甚至一度动了从扬州撤兵的念头。此前，他也有此隐忧。当他得知由他领兵攻打扬州城的时候，这位身经百战的清朝大将竟然和自己的妻儿抱头痛哭，说道："与史可法交锋，定是凶多吉少。"

就在多铎迟疑不前的时候，刚刚归降清朝的李栖凤、高歧凤尽告之以城中虚实，许定国也力言"扬城无援，更待数日可破"，多铎这才留下来继续攻城。

弘光元年四月二十四日，清军以"红衣大炮"若干轰击城内，城堞轰塌，史可法便立即率领士兵和百姓填修，但终因力量悬殊而退守旧城。

攻占新城的多铎仰慕史可法的忠肝义胆，曾经再次致书劝说其降清，并向其允诺若能投降，则清军可和平接收扬州，不肆行屠杀。但史可法并没有被多铎的花言巧语蒙蔽，坚持不为所动。

清军攻陷扬州城后，见大势已去的史可法原本打算与城共亡，就在他拔刀欲自刎殉国之时，一名参将阻止了他，并掩护史可法逃到小东门。史可法看到城中的百姓和投降的士兵遭到清军残忍的屠戮，立刻挺身而出，大喝道："我史督师也，万事一人当之，不累满城百姓。"于是，清军立刻将他逮捕，扭送至多铎面前。多铎见到史可法后，仍然礼待他，百般劝说史可法为清廷效力。史可法却不为所动，对多铎的劝说严词拒绝，最终大义凛然，从容赴死，年仅44岁。恼羞成怒的多铎于是下令屠城达10日之久，几十万扬州民众被清军残忍杀害，造成了扬州城历史上最大的一次惨案，史称"扬州十日"。

"国姓爷"不是用来叫着玩的

南明弘光元年（1645年），唐王朱聿键在福州即位，年号隆武。当时郑成功的父亲郑芝龙掌握军政大权，却暗中通敌叛变，"密遣亲吏到师纳款"。在忠贞爱国和传统儒家教育环境下成长起来的郑森在思想上与他的父亲自然是有着天壤之别的。

同年六月，郑森随其父郑芝龙朝见隆武帝，隆武帝见其少年英俊，便与其谈论天下大事，郑森应对自如，论述精辟。他说："翻开史册，有了明镜，国家朝政衰败，大多是由于营私舞弊的奸邪之徒窃取弄权，残害忠良，丧失人心，以致毁弃河山！天下兴亡，匹夫有责，热血男儿，谁能旁观！岳少保说过'只要文官不爱钱，武将不怕死，则天真安矣！'这是最重要的。"接着郑森又论述："励精图治，要集结各路义师，派重兵把守仙露关等险要门户，收复失地。"隆武帝听了甚喜，说"素闻郑家有匹千里驹，果然名不虚传"，又抚其背说道："可惜朕无一女配卿，卿当尽忠吾家无相忘也。"立即钦赐郑森为国姓朱，改名为成功，并封忠孝伯，领御营中军都督，赐尚方宝剑，仪同驸马。民间因此称郑成功为国姓爷。

自此之后，郑成功碧海丹心，鼎力匡国，走上反清复明的道路。

次年，清军打过钱塘江，消灭了鲁王政权，鲁王逃到海上。清军随即大举进攻福建。郑芝龙本可以依靠福建山区的复杂地形抵抗满洲马队，但是，关键时刻，他的海盗本性发作，在他眼里，什么忠君爱国都是虚的，只有他的家族才是最重要的。于是他开始和清军联络，准备降清。隆武帝只好坐以待毙。郑成功对郑芝龙的所作所为十分气愤，他晋见隆武帝，递上破敌条陈，隆武帝转忧为喜，封其为都督。

隆武政权失败后，明朝的桂王朱由榔于广西肇庆即位，称永历元年。郑成功奉永历正朔，为"招讨大将军"。年仅21岁的郑成功奋起反抗清王朝的民族压迫政策，他在南安县学焚毁儒服、投笔从戎，以"招讨大将军"的名义，在安平、梧州一带誓师抗清，拥戴南明的永历政权。

刚开始的时候，郑成功兵少粮缺，只游荡于厦门海域。渐渐地，逃散各地的郑芝龙旧部纷纷投来：部分不愿随郑芝龙投清的将士，见郑成功血刚气强、大义超群，亦前往归附，成为一支声势浩大的军队，有陆军72镇，水师20镇，战士10多万，战船5000艘。

南明永历四年（1650年），郑成功率师在金门、厦门、石井等地与清抗衡。清廷惧怕万分，千方百计利用郑芝龙与郑成功的父子关系，对郑芝龙进行威慑，企图使郑成功投降。然而，郑成功忠贞不渝，与其父陈词："父误在前，儿岂误于后？我在本朝，既赐姓矣，称藩矣，人臣之位已极，此可谓智者道耳"，"若苟且作事，亦贻笑天下后世矣"，"吾父见贝勒时，已入彀中，其得全今大幸也，万一吾父不幸，天也，命也！儿只有缟素复仇，以结忠孝之局耳"。郑成功的忠贞报国决心甚得永历帝赞赏。

南明永历十二年（1658年），永历皇帝派人到思明州册封郑成功为延平郡王，明部将甘辉为崇明伯、万礼为建安伯等，军威大振，一领延平郡。

郑成功兵力渐渐强大起来，在厦门建立了一支水师。当时，西南地区的抗清主力大西军内讧之后，力量很弱，很难顶得住清军的大举进攻。郑成功跟抗清将领张煌言联合起来，乘海船率领水军17万人于五月开进长江，六月克镇江等地，七月逼南京。

郑成功信心百倍，遥望着钟山龙盘虎踞的雄伟气势，赋诗一首："缟素临江誓灭胡，雄兵百万气吞吴。试看天堑投鞭渡，不信中原不姓朱。"诗言志，完全表现了郑成功克敌制胜、恢复明朝的愿望和决心。大江南北为之震动，当地人民纷纷响应，闻风归附。

此时，南京城内清军只有清两江总督郎延佐上书朝廷求救，一面听从部下的缓兵之计，派遣特使以卑辞向郑成功求情，声称："清朝有法，守城过三十日者，城失罪不及妻孥。乞求郑成功宽限开门投降日期。"郑成功轻信了清军之言，拒绝部将的劝谏，令各部人马按兵不动，只等清军到时投降。郑军上下闻讯，以为南京指日可待，逐渐松懈了战备和斗志。清军乘机调入各州府的兵马，从南京东南门入城，使清军在城内的实力大为加强。

七月二十日夜，清军梁化凤乘郑军防备松懈，以郑军一降兵为向导，率五百骑出神策门，突袭郑军狮子山营寨。郑军官兵尚不及披甲，清军已冲杀至前。郑军无力抵抗，四下溃逃。梁化凤乘胜追击，连破两座营寨，俘虏郑军统领余新，杀副将两人。待郑军主力闻警赶到，梁化凤已撤回城内。

当晚，郑成功调集一部兵力移营神策门外白土山下，以主力在白土山中设伏待敌，将大本营移到幕府山，准备在此迎接出城清军。次日清晨，梁化凤率精锐骑兵，乘郑军仓促之时，突然向神策门郑军发起攻击。郑军奋力迎战，终因猝不及防而败去，部将陈鹏、万禄闻讯率部驰援，被山上突袭而下的梁化凤部骑兵所击溃。

与此同时，清军江宁总管客客木率一部兵力由仪凤门绕到幕府山后夹击郑成功大本营。郑军部将陈魁见清军围攻大本营，急驰赴援，半路被清军以劲弩射杀，所部也被击溃。郑成功在幕府山见战事失利，急驾小船，去调水师增援。恰值江水退落，水兵所乘战船无法靠岸。郑成功在江中眼看两军相战，战局直转而下，却无能为力。

自郑成功离开，郑军失去大本营指挥，不知如何行动，只好各自为战，原地固守。清军加紧攻击，各个击破。郑成功在船上见败局已定，只好率船队撤往镇江，然后出长江返回厦门。当时，张煌言正在攻打铜陵，忽闻郑成功败讯，欲顺流与郑成功合兵，不料清军水师在南京封锁了归路，只好从陆路经浙东转回舟山。与此同时，张煌言也因孤军无援，为清军所败。

南京之战可以说是郑成功生涯当中最重要的一役，却是先盛后衰，以大败收场，使郑成功的反清大业受到致命挫折。

清顺治十七年四月，清政府认为郑成功锐气受挫，元气大伤，必定无力交锋，即派达素率师入福建，会同总督李率泰，集闽粤江浙之清兵，夹攻思明州。

郑成功北伐失利后，总结经验教训，预料清兵必定乘胜南袭，即一面调兵遣将进行整编，操练将士，一面征集粮饷，修造船只，制造武器弹药，并严律士兵，以待再战。这次交锋，郑成功命一路将士出梧州抵制广东清兵，派右虎卫陈鹏督诸部守高崎，遏制同安的清兵。这次郑成功布阵严密并身先士卒，将士们同心协力，接连取得海门、高崎大捷。在海门战役中歼敌1600余人。清兵大败，清统领哈喇土星被俘。清将达素如惊弓之鸟，仓皇逃回福州，郑成功军威大振，以金门、厦门为征战根据地。

北伐南京失败后，郑成功所部元气大伤，并且面临军粮不足的问题。为了解决大军的后勤给养，郑成功决定前往台湾。郑成功收复台湾的军事斗争，也成为中华民族反对外来侵略的成功尝试，激励着无数的后来人。

换个战场也能赢

开辟荆榛逐荷夷，十年始克复先基。

田横尚有三千客，茹苦闻关不忍离。

诗中骄傲自豪之意，跃然纸上。整整 10 年时间，郑成功与将士们取得了驱逐荷夷、收复台湾的战果，为大明王朝的延续做出最后的努力，也为朱明王朝的再度崛起留下了一线希望。

顺治十六年（1659 年），郑成功北伐失败退回厦门，何廷斌携带着台湾的地图和荷方布防情报投奔郑成功，他说："公何不取台湾？台湾非但为公家故地，且沃野千里，使人耕种，军食有余。又横绝大海，四通外国，兴商可足国用。台湾华人受红夷（指荷兰人）凌辱，常怀反抗之心，然苦于群龙无首。公若率军入台，驱逐红夷将如虎逐群羊。夺得台湾，公则进退有据，十年生聚，十年教养，大业何愁不成！"这一席话，坚定了郑成功收复台湾的决心。

顺治十八年（1661 年）春，郑成功安排儿子郑经留守金、厦，他亲自带兵攻打台湾。

三月二十三日，郑成功率大军从金门料罗湾出发，400艘战船载着100多员战将和2万多名士兵，开始横渡台湾海峡。船队航行了一天一夜，顺利到达澎湖。在大军在澎湖候风之时，郑成功就派了两艘船只到台湾进行侦察并发动群众。不久，这两艘船回到澎湖，带来了振奋人心的消息：当地居民热烈欢迎国姓爷入台。

澎湖与台湾隔海相望，顺风时，半天即可到达对岸。但郑军二十七日起航时，却遇上了超强的逆风，只好返回澎湖。等到三月三十日，天气阴霾，风雨仍未停息。当时郑军所带军粮很少，而澎湖诸岛多不产粮，郑成功认为与其饥困孤岛，不如顶风冒雨前进。于是，在当晚一更后，郑成功传令竖起帅旗，整肃队伍，发炮三声，金鼓震天，起锚东进。三更天后，云收雨散，风势减弱，一会儿竟转成了顺风，将士们禁不住欢呼起来，扯满风帆，飞速前进。次日黎明，郑军抵达台南鹿耳门。

鹿耳门平时海水很浅，涨潮时水深也不过一丈四五尺，无法航行较大的船只。所以荷兰人并没有在这里布防，而是把军队和火炮都集中在台湾城和赤嵌城一带。郑成功避开了他们的防线，来到了鹿耳门。

原来，何廷斌曾派人在鹿耳门探测过，发现一条平日很少为人注意的港路，若遇上涨潮，船只即能顺利通过。郑成功根据这一线索，决定利用初一或十六涨大潮的机会，出其不意由鹿耳门进攻台湾。

船队到达鹿耳门时，为了使士兵相信有神灵相助，郑成功设香案祷告明太祖和妈祖娘娘保佑"助我潮水"。祷告完毕，潮水果然汹涌而至，比平日涨高丈余。将士欢呼震海，金鼓齐鸣，扬帆直抵港内,顺利攻入台湾岛。当郑军在禾寮港登陆时,有几千当地民众出来迎接,以货车和其他工具帮助他们登陆。

在当地民众的协助下,不到半个时辰,郑成功大军就有几千将士顺利登陆,占领要冲地点,保护市街,包围了荷兰人在岛上最重要的据点普罗民遮城堡(今天台南市的赤嵌楼),控制了赤嵌与热兰遮(今台南市安平)之间的海面,把荷兰守军围困在两个相互隔绝的据点里。热兰遮城的荷兰人曾派阿尔多普上尉率领200多士兵企图阻止郑军登陆,但遭到郑军优势兵力的攻击,只好退回。

郑成功向荷兰殖民者长官揆一和普罗文查城的司令送信劝降,但是骄横的荷兰人自以为依靠他们高大的船舰、精良的武器和有战斗经验的殖民军,完全有把握战胜只有弓箭和大刀的郑军。在重新部署后,荷军开始从水陆两路向郑军反扑。

水路荷舰以"赫克托号"和"格拉弗兰号"为主力,还有"白鹭号"小帆船、"马利亚号"快艇,边开炮边向郑军舰队冲击。郑军由陈广和陈冲率领大型帆船60艘迎击。荷舰长30丈、宽6丈、船板厚2尺多,甲板上有8个桅,帆樯八面受风,行驶迅速,每艘舰上装备有20~30门大炮,这在那个时候可算是世界上最先进的战船了。而郑军的舰船规模仅为其1/3大小,只装有2门大炮,如果是在大洋中遭遇,郑军的舰船是难与其匹敌的。

但是郑军将士毫无畏惧,利用敌舰在港内转撤不便和易于搁浅的弱点,当最大最重的赫克托号冲过来时,立即有几十艘郑军帆船蜂拥而上,采用梅花阵法。以5只船围住一只荷兰夹板船,从不同方向展开围攻。尽管郑氏水师每只战舰的火力不如一只荷兰夹板船,但5只战船从不同方向的围攻却是荷兰船只难以应付的。这时有五六艘装有燃烧物品的火船，冒着敌舰猛烈的炮火冲到荷舰旁，把船钉死在荷舰的船舷上，点燃火种，士兵跳水泅回，随后，只听"轰隆"一声巨响，"赫克托号"的火药舱爆炸了。这艘荷军的王牌舰连同舰上100多水兵一起沉入大海。其他三艘荷舰见势不妙，连忙逃往港外，郑军舰船在后边紧追猛打，其中，一艘中弹起火，一艘险些被俘获，狼狈逃往菲律宾和日本。这场海战中郑成功运用著名的"火船"战术，打败了拥有优势的荷兰海军。

陆路荷军由贝德尔上尉率领250名士兵在北线尾登陆。这些荷兰殖民军以为"十五个中国人加在一起也抵不过一个荷兰兵"，他们10个人为一排，连放两排枪，神气十足地前进。郑军由宣毅前镇陈泽率部奋勇迎击，万箭齐发，许多将士勇敢冲入敌阵奋力厮杀。另一路郑军从后路包抄敌军，荷军腹背受攻。他们的神气已被恐惧所代替，忙于各自逃命。一仗下来，贝德尔上尉以及118人当场丧命，还有些人跳水逃生被淹死在海里，只有80多人逃得性命，退回热兰遮城。

荷兰殖民者在初战失败后，同意进行谈判。他们拟定的谈判条件是：愿意付一笔赔款给郑成功，但要求郑军退出台湾，底线是荷兰人可以让出本岛，但必须继续有大员居住。荷方派遣两名使者前来郑军大营，晋见郑成功，讲述了他们的条件。但郑成功重申，他坚定不移的目标是要荷兰人离开台湾全岛。由于双方都不愿意妥协，这次谈判不欢而散。郑成功迅速攻下普罗民遮城，又打退了敌人几支援军，用重兵包围了热兰遮城。

面对孤立无援的热兰遮守军，郑成功决定重新部署兵力，在外围增修炮台。顺治十八年十二月七日，郑成功下令军队从东、南、北三个方向猛烈炮击热兰遮及其外围工事，30门大炮共发射大约2500发炮弹，迫使热兰遮城外围的乌特利支堡的守军弃城退入热兰遮，而热兰遮城堡的四周附城多处被炸毁。经过一天的战斗，荷兰人抵抗的意志终于被打垮了。

十二月十三日，郑成功的代表和荷兰的代表完成了协议的换文。荷兰人在最后一任长官揆一的带领下，分乘8艘舰船退出台湾。揆一在海滩上将城堡的钥匙交给了郑成功的代表，至此，荷兰人在台湾38年的殖民统治完全结束，台湾重新回到祖国怀抱。